TATAR FIRST NAMES FROM WEST SIBERIA:
AN ENGLISH AND RUSSIAN DICTIONARY

WITH NATIVE-SPEAKER PRONUNCIATION CD

Edwin D. Lawson and Richard F. Sheil
State University of New York, Fredonia

Zinaida S. Zavyalova
National Research Tomsk Polytechnic University

ИМЕНА ТАТАР ЗАПАДНОЙ СИБИРИ:
СЛОВАРЬ НА АНГЛИЙСКОМ И РУССКОМ ЯЗЫКАХ

В комплекте CD с записью произношения имен

Эдвин Д. Лоусон и Ричард Ф. Шейл
Государственный университет Нью-Йорка в г. Фредония

Зинаида С. Завьялова
Национальный исследовательский Томский
политехнический университет

 HTComGroup

Library of Congress Cataloging-in-Publication Data

Library of Congress Card Number: 201-493-8402

Lawson, Edwin D.
    Tatar first names from West Siberia: an English and
    Russian dictionary
    Edwin D. Lawson, Zinaida Zavyalova, Richard F. Sheil
      p cm
    Includes bibliographical references.
    ISBN- 978-1-49-537322-0

1.   Names. Personal

A catalogue record for this book is available from the British
Library.

Printed in the United States of America.

Managing Publishing Editor:

Ht HTComGroup ● U.S.A.
Hazel Aure Tamano
Tel. (858) 603-4097

Dedicated to the Memory of Richard F. Sheil.

Pilot, Professor, Friend.

1919-2013

Посвящается памяти Ричарда Ф. Шейла.

пилота, профессора, друга.

1919-2013

CONTENTS ~ СОДЕРЖАНИЕ

Authors ~ Авторы...v

Acknowledgments ~ Благодарности...vii

Foreword ~ Предисловие...ix/xi

Introduction ~ Введение xiii

Discussion ~ Выводы..xx/xxi

Pronunciation Guides ~ Руководство по произношению..........xl

Dictionary ~ Словарь 1

References ~ Источники 60

Bibliography ~ Библиография 61

Abstract ~ Аннотация 65

MAPS ~ КАРТЫ

Figure 1.Map of Russia showing locations of Tomsk and
Moscow ~ Рисунок 1.Карта России с
изображением расположения Томска и Москвы.......xiv

Figure 2. Map of Tomsk region ~ Рисунок 2. Карта
Томской области. Татарские деревни обозначены
точкой xv

TABLES ~ ТАБЛИЦЫ

Table 1a. Distribution of City residents by time
periods ~ Таблица 1a. Распределение жителей
города по временным периоды ....xvii/xxv

Table 1b. Distribution of Village residents by time
periods ~Таблица 1b. Распределение жителей
деревень по временным периодам ....xvii/xxv

Table 2. Occupational categories by City, Village,
and Gender ~ Таблица 2. Распределение
профессий: город, село, пол................................. xviii/xxvi

Table 3. Most frequent names for men and women
by City and Village ~ Таблица 3. Наиболее
часто встречающи-еся мужские и женские
имена в городе и селе ....xix/xxvii

Table 4. Comparisons of City and Village: Formal
names and Tatar names (mismatches) ~ Таблица
4. Сравнение города и села: официальные и
татарские имена (несоответствия)..........................xx/xxviii

AUTHORS

Edwin D. Lawson (U. of Illinois, M.A., Ph.D., Psychology) is professor emeritus of psychology, State U. of New York, Fredonia. He was awarded a Fulbright lectureship to Yarmouk University, Jordan. He was president (1995-97) of the American Name Society and served on that organization's editorial board. He has published over 150 books and articles, including *Personal Names and Naming* (1987), *More Names and Naming* (1995), and articles on Russian, Latvian, Lithuanian, Azeri and Tatar names as well as several on stereotypes of names.

http://www.fredonia.edu/faculty/emeritus/edwinlawson

Эдвин Д. Лоусон (степени магистра психологии и доктора психологии в университете штата Иллинойс) - профессор психологии Государственного университета штата Нью-Йорк в г. Фредония. Стипендиат программы Фулбрайта в Ярмукском университете, Иордания. Президент (1995-97) Общества ономастов Америки и председатель редакционного совета Общества. Автор более 150 книг и статей, в том числе «Личные имена и имянаречение» (1987), «Еще об именах и имянаречении» (1995), а также статей о русских, латышских, литовских, азербайджанских и татарских именах и нескольких эссе о стереотипах имен.

http://www.fredonia.edu/faculty/emeritus/edwinlawson

Richard F. Sheil (1919-2013) (Eastman School of Music, M.A. Music; U. of Michigan, Ph.D. Phonetics) taught voice and choral conducting at the State U. of New York for 30 years, retiring in 1980 as professor emeritus of music. He was the author of *A Singer's Manual of Foreign Language Dictions* (2004) and collaborated with Edwin D. Lawson and Farid Alakbarli to publish the scientific papers *Pronunciation and Meaning of Azeri Names* (2006) and *The Mountain (Gorski) Jews of Azerbaijan: Their Twenty-Century Naming Patterns* (2011). Also in collaboration with Professor Lawson, he developed websites demonstrating the pronunciation of Russian, Estonian, Azeri, and Tatar names.

Ричард Ф. Шейл (1919-2013) (степень магистра музыкального образования в школе музыки Истман; докторская степень в области фонетики в университете штата Мичиган). В течение 30 лет преподаватель вокала и дирижирования хором в Государственном университете штата Нью-Йорк в г. Фредония. По выходе на пенсию в 1980 году получил звание почётного профессора музыки. Автор книги «Руководство певца по иностранной дикции» (2004 г.), и в соавторстве с Эдвином Д. Лоусоном и Фаридом Алакбарли опубликовал такие научные работы как «Произношение и значение азербайджанских имен» (2006 г.) и «Горские евреи Азербайджана: модели образования имен в 20-м веке» (2011). Также, в сотрудничестве с профессором Лоусоном, является разработчиком вебсайтов, демонстрирующих произношение русских, эстонских, азербайджанских и татарских имен.

 **Zinaida S. Zavyalova** (State Pedagogical University of Tomsk, M.A. in Linguistic Education; Ph.D., Tomsk Polytechnic University, Social Philosophy). Assistant Professor of Department of Cultural Studies and Social Communication Tomsk Polytechnic University. Her publications include *Technology and ontology of the communication pattern of the Internet* and other articles dealing with philosophy, linguistics, communication, and onomastics.

Зинаида С. Завьялова (степень магистра филологического образования, Томский государственный педагогический университет; степень кандидата наук в области социальной философии, Томский государственный университет). Доцент кафедры культурологии и социальной коммуникации, Томский политехнический университет. Публикации включают «Технологические и онтологические характеристики коммуникационной модели Интернета», «Коммуникативные трансформации социальных медиа», «Интерактивный чат как особая форма бытия и репрезентаций личности (русскоязычный дискурс)» и другие статьи по философии, лингвистике, коммуникации и ономастике.

ACKNOWLEDGMENTS

Anton Agafonov (Udmurt State U. M.A. in Languages and Education), Adjunct Instructor, Russian, SUNY Fredonia. He has been a consultant in Russian. Previously he worked with Professor Sheil's *A Singer's Manual of Foreign Language Dictions*. ~ **Антон Агафонов** (Удмуртский государственный университет, степень магистра по языкам и педагогике), адьюнктпрофессор русского языка во Фредонии. Консультант по вопросам русского языка. Ранее работал с профессором Шейлом над "Руководством певца по иностранной дикции"

Farid Alakbarli (Baku, Azerbaijan) is the head of the Department of Information and Translation of the Institute of Manuscripts of the Azerbaijan National Academy of Sciences. ~ **Фарид Алекперли** (Баку, Азербайджан) – Зав. отделом перевода и информации Института рукописей им. М. Физули Национальной Академии Наук Азербайджана.

Jean Callary (Ed.D., Educational Technology, Northern Illinois U.) provided document design and copy editing assistance *www.properedit.com* ~ **Джин Кэллэри** (доктор педагогики, университет Северного Иллинойса) предоставила дизайн документа и помощь в редактировании.

Ann Kielkopf Deakin (State U. of New York at Buffalo, Ph.D., Geography) is an Associate Professor of Geosciences and Coordinator of Interdisciplinary Studies in Geographic Information Systems at SUNY Fredonia. She was awarded a Fulbright Scholarship to study at Tomsk Polytechnic U. ~ **Энн Килькопф Дикин** (Университет штата НьюЙорк в Буффало, доктор географии) доцент кафедры наук о Земле и координатор междисциплинарных исследований в области географических информационных систем в Государственном университете штата Нью-Йорк, г. Фредония. Является стипендиатом программы Фулбрайта, по которой в течение полугода работала в Томском политехническом университете.

Minulla Mavlyukeev is a native speaker of Tatar. He is from Eushta village, near Tomsk City. ~ **Минулла Mavlyukeev** представитель татарской диаспоры г. Томск, носитель татарского языка. Родился в татарском поселке Эушта, недалеко от Томска.

Elmira Mindiyarova, an English instructor at Tomsk State Pedagogic U., conducted interviews that contributed to this dictionary. ~ **Эльмира Миндиярова**, преподаватель английского в Томском государственном педагогическом университете, интервьюер.

 **Yulia Paramanova**, is a foreign languages major at Tomsk State Pedagogic U. She conducted interviews that contributed to this dictionary. ~ **Юлия Парамонова**, студентка факультета иностранных языков в Томском государственном педагогическом университете, интервьюер.

 **Fawzi Yaqub** is a professor emeritus of mathematics, State U. of New York, Fredonia. He was a consultant on Arabic names. ~ **Фози Якуб**, почётный профессор математики, Государственный университет штата Нью-Йорк, г. Фредония. Консультант по именам арабского происхождения.

FOREWORD

With this dictionary of Tatar First Names from West Siberia, Professors Lawson, Sheil, and Zavyalova have delivered the first English-language book on a topic that will contribute to scientific literature in this field.

The modern conditions of globalization have, as a result, seen the indigenous cultures of small ethnic groups of Siberia disappear with fantastic speed. This collection of native names of the Tatar people and the inevitable Russification of those names, will contribute to an understanding of the culture and folklore of this segment of the Siberian population.

This dictionary includes more than 500 names with explanations of their meaning and a pronunciation guide. It is a comprehensive scientific work with elaborated analytical material including linguistic, statistical, and sociological analysis of the scrupulously collected material. The dictionary provides material related not only to Tatar names, but also to information related to the language, culture, and social life of the Tatar people. Therefore, we may consider it as important contribution to the anthropology and culturology of the Tatar people of Siberia.

This work will be a valuable resource for specialists in onomastics, philology, Turkology, and other fields. We know that Turkic peoples constitute a large community with a population of about 200 million peoples whose names are not satisfactorily investigated or even known in the western world, especially in English. There are only a few passing references in the literature to Tatar names and these deal mostly with Tatars in Kazakhstan.

This dictionary grew out of research done by professors Lawson, Sheil, and Zavyalova in preparation for a paper presented at the 23rd International Congress of Onomastic Sciences (ICOS) in Toronto in 2008, a paper that was subsequently published in the conference proceedings. An important feature of that presentation was a website:

> <http://www.fredonia.edu/faculty/emeritus/Edwin Lawson/TatarNames/index.html> (or search for "West Siberian Tatar Names").

The 500 given names listed at this site include printed pronunciation guides as well as invaluable audio enunciations provided by a native speaker of the Tatar language

Farid Alakbarli
Professor, Doctor of Historical Sciences

Director of Department of Information and Translation of the Institute of Manuscripts of the Azerbaijan National Academy of Sciences.

President of the Azerbaijan Association of Medical Historians

Предисловие

Настоящий словарь татарских личных имен Западной Сибири авторов Э.Д. Лоусона, Р. Шейла и З.С. Завьяловой представляет собой первое англоязычное издание на данную тему и, несомненно, является значительным вкладом в научную литературу соответствующей области знаний.

В результате современных глобализационных процессов коренные культуры малых этнических групп Сибири исчезают с фантастической скоростью. Данное собрание личных имен татарского народа с признаками их неизбежной русификации будет способствовать пониманию культуры и фольклора этого сегмента населения Сибири.

Этот словарь включает в себя более 500 личных имен с объяснениями их значения и особенностей произношения. Это результат тщательной научной работы, включающей языковой, статистический и социологический анализ собранного материала. Словарь содержит материал, относящийся не только к татарскими личным именам, но также предлагает некоторую информацию, связанную с языком, культурой и общественной жизнью татарского народа. Таким образом, мы можем рассматривать его как важный вклад в антропологию и культурологию татарского народа Сибири.

Данная работа также представляет собой ценный ресурс для специалистов в области ономастики, филологии, тюркологии и в других областях. Общеизвестно, что тюркские народы составляют большую общину численностью более 200 миллионов человек, чья антропонимика на настоящий момент малоизученна или даже вовсе не представлена в западном мире, особенно на английском языке. В англоязычной научной литературе на татарские имена существует только несколько ссылок, относящихся в основном к населению Татарстана.

Данный словарь является результатом исследовательского проекта Э.Д. Лоусона, Р. Шейла и З.С. Завьяловой, доклад о котором был представлен на 23

Международном Конгрессе ономастических наук в Торонто в 2008 г. и позднее опубликован в материалах конференции. Также значимым результатом проекта является вебсайт, на котором представлены данные о собранных именах и аудиозаписи, сделанные носителем татарского языка

http://www.fredonia.edu/faculty/emeritus/EdwinLawson/TatarNames/index.html (or search for <West Siberian Tatar Names>).

Фарид Алекперли
Профессор, доктор исторических наук,

Зав. отделом перевода и информации
Института рукописей им. М. Физули
Национальной Академии Наук Азербайджана,

Президент Азербайджанской Ассоциации Историков Медицины (ААИМ)

INTRODUCTION

Political and religious events are not strangers to the onomastic scene. Of course, periods of war and change had major effects on the social and political life of the people involved. Did these turbulent periods also influence the naming of children? There are a few investigations that seem to show this.

In Finland, Kiviniemi (1998) showed that during a period of intense Finnish nationalism (1880-1917) there was a rise in the percentage of Finnish names. Finland had been an autonomous grand duchy of the Russian Empire but became an independent republic in 1917. At that time, and for a few years after that, Finnish names were at their highest percentage (about 30%). Kiviniemi interprets this rise in popularity as a reflection of the historical developments that led to Finnish independence.

Konstantinov and Alhaug (1995) has described the naming behavior of the Bulgarian Muslim (Pomak) group that was subjected to governmental renaming campaigns that resulted in a massive exodus to Turkey in 1989. This was an example of naming laws being used to oppress a religious and ethnic minority group.

In South Africa, Herbert (1998) has shown how members of Zulu, Swazi, Xhosa, and other African tribes have carried political feelings to the naming of children. Thus, we can see that naming of children has been a political weapon.

Finally, Li and Lawson (2002) looked at Chinese generation names. Generation names, an additional name to the family name and first name for males, had been repressed under Mao Zedong during the Cultural Revolution. Li and Lawson were able to show that at the end of the Mao era there appeared to be the beginning of a recovery of generation names.

While many onomastic studies have been done in the West, relatively little has been done in the Soviet Union and in the countries that it once dominated. This dictionary serves as evidence of our investigation into how onomastic customs in a minority culture, the Tatars of West Siberia, have been replaced or modified by the dominant Russian culture.

The Tatars of West Siberia

The 2002 Russian census reported over five million Tatar speakers in Russia, Ukraine, Turkey, China, and Finland, with about four and one-half million of those being descendants of the Turkic-Mongolian peoples of the Ural-Altaic region. Our investigation looked at the Tomsk region of Western Siberia, with a population of about 950,000, where about 20,000 Tatars, mostly Sunni Muslims, make up about 2% of the population. Siberian Tatars speak a Uralic-influenced Turkic dialect, which is slightly different than other Tatar speakers. Some live in villages and some live in the city of Tomsk itself.

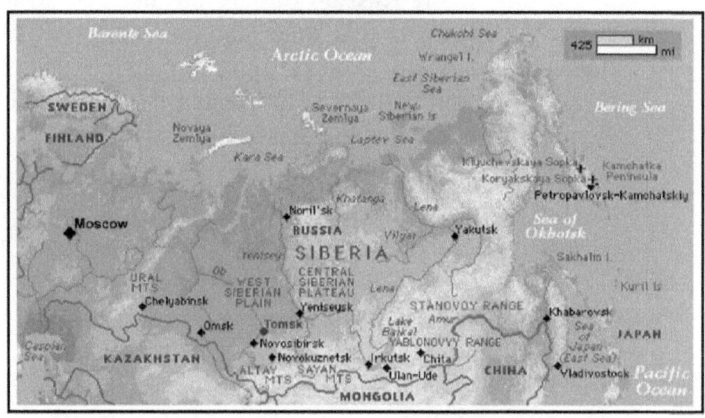

Figure 1. Map of Russia showing locations of Tomsk and Moscow.

Tomsk, one of the most important cities in Siberia, was founded by Russian Czar Boris Godunov in 1604, but had an indigenous Tatar population. This historical interaction between the Russian and Tatar populations is one reason why Tomsk was selected for this study.

Many, perhaps most, Tatar city residents and villagers practice an informal double naming pattern, one for the Russian-speaking community, the other for use in the family. As evident from conversations with respondents, many Tatars have, over the course of time, begun to forget their Tatar names and use only their Russian names, even in the family. This investigation sought to learn the extent of this practice.

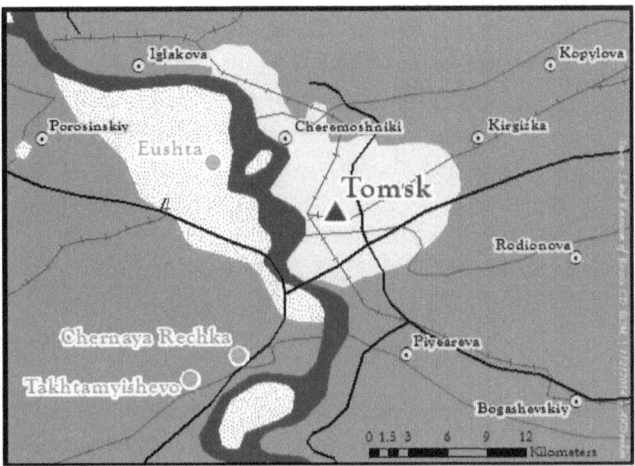

Figure 2. Map of Tomsk region. Tatar villages are indicated by a dot.

The Russian Influence

Over the past one hundred years, from the Czarist period until the present, Russia has experienced turmoil and change because of the vast number of peoples and cultures that have come under its control. The resulting political and religious pressures have influenced naming practices. Choosing names is an indicator of the various pressures that cultures and families have been subjected to in parts of Russia, especially those areas where Russian was not a first language. In these areas, Russification was a major political and language influence.

A second pressure has been urbanization: Non-Russian speakers who move to urban areas were forced to use Russian in the business world. One major question we wanted to answer was to what extent this pressure to use the Russian language affected the naming choices of parents whose original language had been non-Russian.

Two research questions guided this investigation:

1. Is there a general pattern of language Russification of an indigenous people, the West Siberian Tatars?
2. Is there a significantly greater language Russification of the indigenous people who became urbanized versus those who remained in the villages?

METHOD

A questionnaire was prepared to gather information from three generations of each family. Questionnaire items collected the family members' first names and their birth year, the reason(s) for selecting those names, the meaning of the names, and their nicknames. Also, the language(s) spoken at home, the communities or regions where they were born, their occupations, and their religion and levels of religious observance. This questionnaire was similar to the one used by Lawson and Glushkovskaya (1994), Lawson and Butkus (1998-1999), and Lawson, Alakbarli and Sheil (2008).

In other investigations of naming patterns as an index of political and religious influence, families have been evaluated over three generations. Using this technique, it is possible to evaluate the various influences among city and rural Tatars over time and provide for some measure of control. This investigation was different from others in two ways. First, the items in the questionnaire were designed specifically for the Tatar culture, especially because the names were asked for in Tatar and in Russian. Second, questions related to the type of religious involvement were different than for other populations.

Publication of this English/Russian dictionary of Tatar names grew out of earlier research into Tatar naming patterns and practices reported in the study "The Cultural and Language Effects of the Influence of Russian on West Siberian Tatar Names" presented at the 23rd International Congress of Onomastic Sciences, Toronto (YorkSpace, 2011). A searchable website, West Sibrian Tatar Names (SUNY Fredonia, 2013) reports Tatar names, aural pronunciations, grammar-related principles, and cultural information.

RESULTS

One hundred families were included in this study: 50 from the City of Tomsk and 50 from villages in the Tomsk area. Data were collected from 799 individuals. Analysis of the responses to the birth-year question identified evidence of nine time periods:

Czarist (until 1917), Unsettled (1918-1920), Soviet (1921-1940), World War II (1941-1945), Post-War (1946-1953), Post-Stalin (1954-1964), Brezhnev (1965-1984), Gorbachev (1985-1990), and Post-Communist (1991-present).

Table 1a. Distribution of City residents by time periods

	-1917	1918-1920	1921-1940	1941-1945	1946-1953	1954-1964	1965-1984	1985-1990	2003-Present	Totals
Men	13	3	78	8	13	46	13	18	8	200
Women	13	2	74	10	10	43	28	15	8	203
M & W	26	5	152	18	23	89	41	33	16	403

Table 1b. Distribution of Village residents by time periods

	-1917	1918-1920	1921-1940	1941-1945	1946-1953	1954-1964	1965-1984	1985-1990	2003-Present	Totals
Men	13	2	56	3	24	36	32	11	18	195
Women	14	1	49	10	22	39	32	15	19	201
M & W	27	3	105	13	46	75	64	26	37	396

Socio-Economic Status

One measure of socio-economic status is occupation. In Table 2, we have shown the composition of the occupations of the respondents in a way similar to that used by the United States Bureau of the Census. Both samples show a high proportion of Unskilled, which is generally regarded as "blue collar." More Village women were in service occupations. More City women were in the Unskilled category, indicating more full-time jobs in factories or similar situations. In general, there was little variety in occupations.

General Observations

- Village respondents have substantially fewer Russian first names and patronymic names than City respondents.
- City respondents seemed to know more about the meanings of their names than Village respondents.
- Village respondents are more religious and observe more religious practices than those in the City.
- The City's younger generation does not seem to be at all religious.

- City respondents do not seem to pay as much attention to the naming ceremony as do Village respondents.
- The main reason reported for giving a name is its sound. This seems to be true for both City and Village respondents.

Table 2. Occupational categories by City, Village, and Gender
*M: Men, W: Women

	City			Village			Totals		
	M	W	M + W	M	W	M + W	All M	All W	All
Professional	1 .5%	4 2.0%	5 1.2%	3 1.5%	6 3.0%	9 2.2%	4 1.0%	10 2.5%	14 1.8%
Sales	1 .5%	0	1 .2%	0	1 .5%	1 .3%	1 .3%	1 .2%	2 .3%
Agriculture	2 1.0%	0	2 .1%	0	0	0	2 .5%	2 .5%	4 .5%
Skilled	9 4.5%	8 4.0%	17 4.2%	5 2.5%	7 3.5%	12 3.0%	14 3.5%	15 3.7%	29 3.6%
Semi-skilled	1 .5%	1 .5%	2 .5%	1 .5%	0	1 .3%	2 .5%	2 .5%	4 .5%
Service	0	7 3.4%	7 1.7%	0	15 7.5%	15 3.8%	0	21 5.0%	21 2.6%
Pupil/ Student	25 12.5%	21 10.3%	46 11.4%	21 10.8%	14 7.0%	35 8.8%	46 11.6%	35 8.7%	81 10.1%
Unskilled	159 80.0%	141 69.5%	300 74.4%	158 81.0%	108 53.7%	266 67.2%	317 80.3%	249 61.6%	516 64.6%
Housewife	0	21 10.3%	21 5.2%	0	37 18.4%	37 9.3%	0	58 14.4%	58 7.3%
Child	1 .5%	1 .5%	2 .5%	2 1.0%	10 5.0%	12 3.0%	3 .8%	11 2.7%	14 1.8%
Retired	0	0	0	0	1 .5%	1 .3%	0	1 .2%	1 .1%
Don't Know	1 .5%	0	1 .2%	2 1.0%	0	2 .5%	3 .8%	0	3 .4%
Not Given	0	0	0	3 .5%	1 .5%	4 1.0%	1 .8%	1 .2%	4 .5%
Totals	200	203	403	195	201	396	395	404	799

Most Common (Frequent) Names

Table 3 lists names of City and Village respondents whose names appeared three times or more. The list of Combined City and Village includes names with a frequency of five or more. Meanings of the names are shown in the Dictionary.

The small number of purely Tatar names found among the names found most frequently may possibly be explained by the influence of Russification. We think Tatars borrowed not only purely Russian names but also any names used by Russians, considering them to be of Russian origin.

Table 3. Most frequent names for men and women by City and Village

City		Village		Combined City and Village	
Men	Women	Men	Women	Men	Women
Rinat 1	Zulfira 8	Marat 4	Zulfiya 5	Rinat 14	Zulfiya 12
Ramli 8	Alfiya 6	Ramil 4	Alfiya 4	Ramil 12	Alfiya 10
Anvar 4	Liliya 6	Rena 4	Zaituna 4	Renat 9	Nailya 10
Damir 4	Nailya 6	Zainulla 4	Juliya 3	Marat 8	Liliya 8
Marat 4	Tanzilya 4	Zinur 4	Maryam 3	Anvar 6	Nuriya 6
Rashit 4	Elmira 3	Ansar 3	Nailya 3	Nail 5	Zaituna 6
Renat 4	Faizura 3	Anvar 3	Nuriya 3	Rashit 5	Gulnara 5
Nurulla 3	Fatima 3	Nail 3		Ravil 5	Saniya 5
Ravil 3	Gulnara 3	Rail 3			
Timur 3	Nuriya 3				
	Saniya 3				
	Zahira 3				
	Zukhra 3				

Mismatches

Now we turn our attention to those names that we call "Mismatches." A mismatch occurs when respondents had one name in the Tatar community and another in the Russian community.

Examination of Table 4 shows that four times as many men and women in the City had mismatch names than those in the Village and almost twice as many Tatar women had Russian names than the men.

Further examination of the names shows that when a Russian name was adopted, it usually had the same initial letter. In perhaps at least half of the City sample, the name not only had the same initial letter but also the same number of syllables. For example, Malik > Mikhail, Nadiya > Nadezhda.

Table 4. Comparisons of City and Village: Formal names and Tatar names (mismatches)

	City			Village		
	Men	Women	Total	Men	Women	Total
Mismatches	44	72	116	10	19	29
% of Total	22%	35%	29%	5%	10%	7%
Totals	200	204	404	198	200	398

DISCUSSION

The names that West Siberian Tatars have used over the historical of their existence can be divided into the following categories:

The old ones: Names from Arabic, Persian, or Turkish that are often compound names with the suffixes -abd- (faith), -din-(religion), -ulla-(God) such as Abdulla, Hainutdin, Kallimulla, and many derivatives from the name of Mohammed.

The new ones: Names originated from Turkish, Iranian, and Tatar which can be combinations of several words of different languages or different names such as Musagitdin, Saidgafar.

The newest ones: Names originated from Tatar, Russian, and European languages. They are usually modified old names where some letters are added to make them more beautiful, or some European names like Rudolf, Albert, and so on. Tatars also are inclined to invent new names for their children, usually by using some words or word-combinations from Arabic, Persian, and Tatar that sound beautiful. Another trend for young Tatar parents is to invent new names by changing inflections or initial letters of old names (Elmira > Ilmira, Nail > Fail).

By the middle of the 19th century the Tatar naming system was modified according to the Russian naming pattern. Family names were then usually derived from the name of the father and acquired the Russian inflections ov-ova or vich-vna like classic Russian family names and patronymic names. This was not the only change, however, in the Tatar naming system. With the formation of the Soviet Union a greater percentage of Tatars, influenced by social circumstances, left their communities and became city residents which made them interact closely with the Russian population. Children had to go to Russian schools. Adults had to work with Russians. According to the politics of the USSR, Soviet citizens could not be different in any particular. This produced a rising tide of attempts to adjust to a new society in which Russians were the overwhelming majority.

Therefore, being forced to live in two cultural worlds, West Siberian Tatars had to use two languages and two naming patterns. Only Tatar intellectuals managed to resist the temptation of becoming like Russians. They understood that the only way to save their national and personal uniqueness was to remain Tatar and Muslim.

Nonetheless, most Tatars began to acquire Russian first (given) names and patronymic names. These names followed the accepted form of Russian names. A Russian first name generally would have the same initial letter as the Tatar name, e.g., Minulla > Mikhail. The same was also true of the patronymic name, e.g., Nurullovich > Nikolaevich. Over time, this rule of thumb was not always followed by Tatars, and Russian names began to be chosen more often upon the criteria of personal preferences.

ВВЕДЕНИЕ

Политические и религиозные события играют не второстепенные роли на ономастической сцене. Безусловно, именно периоды войн и иных общественных потрясений влекут серьезные последствия для социальной и политической жизни людей. Влияют ли эти неспокойные периоды также на именование детей? Проведено несколько исследований, которые явно указывают, что да.

В Финляндии, Кивиниеми (1998) доказал, что в период расцвета финского национализма (1880-1917) увеличился процент исконно финских имен. Финляндия была автономным большим княжеством Российской империи, но стала независимой республикой в 1917 году. В то время и в течение нескольких лет после этого был зафиксирован самый высокий процент финских имен (около 30%). Кивиниеми интерпретирует рост популярности финских имен как отражающий исторические события, которые привели к независимости Финляндии .

Константинов и Альхауг (1995) описали традицию наименования болгарской мусульманской группы (помаков), которая была подвергнута насильственной смене имен в рамках государственной политики, что в итоге привело к массовому исходу помаков в Турцию в 1989 году. Это стало примером целенаправленного угнетения религиозных и этнических прав национального меньшинства через изменение традиций наименования.

В Южной Африке Герберт (1998) показал, как члены зулу, свази, коса и других африканских племен выражали политические взгляды через имена детей. Таким образом, именование детей выступило как политическое орудие.

Наконец, в Китае Ли и Лоусон (2002) описали то, что произошло с именами, традиционно передающимися от поколения к поколению. Эти имена, а также дополнительное имя к фамилии и первые имена мужчин подверглись изменениям в период правления Мао Цзэдуна, во время Культурной революции. Ли и Лоусон смогли доказать, что в конце эпохи Мао началось восстановления имен, передающихся от поколения к поколению.

В то время как, многие ономастические исследования были проведены на Западе, сравнительно мало было сделано в Советском Союзе и в странах, находившихся под его влиянием. Данный словарь является результатом исследования того, как ономастические обычаи в культуре национального меньшинства (татар Западной Сибири) были заменены или модифицированы доминирующей русской культурой.

Татары Западной Сибири

В 2002 г. русской переписью было зарегистрировано более пяти миллионов татар в России, Украине, Турции, Китае и Финляндии; из них около четырех с половиной миллионов являются потомками тюркско-монгольских народов урало-алтайской области. Наше исследование проводилось в Томской области, регионе Западной Сибири с населением около 950 тысяч человек, из которых около 20 тысяч татар (около 2 % от населения), которые в основном являются мусульманами-суннитами. Сибирские татары говорят на урало-тюркском наречии, которое отличается от других татарских диалектов. Часть татарского населения проживает в деревнях, а часть в городе Томске.

Томск, один из наиболее важных городов в Сибири, был основан русским царем Борисом Годуновым в 1604 год на территории, которую занимали татары. Это историческое взаимодействие между русской и татарской популяциями явилось одной из причин выбора Томска для данного исследования.

Многие представители татарского этноса, как в городе, так и в деревнях, используют неофициальный двойной шаблон наименования, один для русскоговорящей общины, другой для общения в семье. Как видно из бесед с респондентами, многие татары с течением времени начали забывать их татарские имена и использовать только русские даже в семье. Настоящее исследование было предпринято с целью обнаружения степени распространенности данного явления.

Русское влияние

За последние сто с лишним лет Россия пережила множество потрясений и перемен, которые не могли не повлиять на то огромное количество народов и культур, которые проживают на ее территории с дореволюционного периода до современности. Индикатором политического и религиозного давления явились модели наименования людей, особенно в тех областях, где русский изначально не был первым языком. В этих областях, русификация была инструментом и результатом политического воздействия.

Еще одним фактором давления явилась урбанизация, в результате которой люди, перемещающиеся в городские районы, были вынуждены использовать русский язык в деловом мире. Главным вопросом явилось то, в какой степени вынужденная необходимость использовать русский язык повлияла на представителей националь-ностей, чей язык не был русским.

Целью данного исследования было выявить:

1. Существует ли общая схема закономерностей языковой русификации коренного народа (западносибирских татар).
2. Как соотносятся степени русификации городского татарского населения и деревенского.

МЕТОД

Был подготовлен вопросник для сбора информации от трех поколений каждой семьи. Анкета содержала следующие вопросы: первые имена членов семьи и их год рождения, причину(ы) выбора этих имен, значение имен, прозвища, язык (и) на котором респондент говорит дома, в общине или регионе, где он родился, его занятие, религия, кол-во и степень соблюдения религиозных обрядов. Данная анкета почти полностью дублировала те, что ранее использовали Лоусон и Глушковская (1994 г.), Лоусон и Буткус (1998-1999 гг.) и Лоусон, Алекперли и Шейл (2008 г.).

В других исследованиях моделей именования как показателя политического и религиозного влияния семьи рассматривались в составе трех поколений. Данный метод позволяет оценить различные виды влияния, которые испытывали на себе городское и сельское население татар и обеспечить контроль результатов. Это исследование отличается от других в двух направлениях. Во-первых, вопросы анкеты были разработаны с учетом специфики двойной модели наименования у западносибирских татар (предлагалось назвать как татарское, так и русское имя, при его наличии). Во-вторых, вопросы, связанные со степенью религиозности, отличались от тех, что были разработаны для других групп населения.

Публикация данного словаря на русском и английском языках является следствием более ранних исследований в области татарских моделей наименования, доклад о которых был представлен на 23 Международном Конгрессе ономастических наук в Торонто в 2008 г. под названием «Культурные и языковые эффекты влияния русского языка личные имена татар Западной Сибири» (ЙоркСпейс, 2011). Также создан и функционирует веб-сайт «Имена татар Западной Сибири» (SUNY Фредония, 2013), на котором представлены татарские имена, их произношение, морфология, информация о татарской культуре.

РЕЗУЛЬТАТЫ

В рамках исследования были опрошены сто семей: 50 из г. Томска и 50 из окрестных деревень. Данные были получены от 799 лиц. Анализ ответов на вопрос о годе рождения респондентов позволил выделить девять исторических периодов: царский период (до 1917 г.), гражданская война (1918-1920 гг.), советский период (1921-1940 гг.), Вторая мировая война (1941-1945 гг.), послевоенное время (1946-1953 гг.), пост-сталинский период или «оттепель» (1954-1964 гг.), Брежневский период или «эпоха застоя» (1965-1984 гг.), Горбачевский период или «перестройка» (1985-1990 гг.), и пост-коммунизм (1991 г. -настоящее время).

Таблица 1a . Распределение жителей города по временным периодам

	-1917	1918-1920	1921-1940	1941-1945	1946-1953	1954-1964	1965-1984	1985-1990	2003-наст.время	Итого
Мужчины	13	3	78	8	13	46	13	18	8	200
Женщины	13	2	74	10	10	43	28	15	8	203
М/Ж	26	5	152	18	23	89	41	33	16	403

Таблица 1b. Распределение жителей деревень по временным периодам

	-1917	1918-1920	1921-1940	1941-1945	1946-1953	1954-1964	1965-1984	1985-1990	2003-наст.время	Итого
Мужчины	13	2	56	3	24	36	32	11	18	195
Женщины	14	1	49	10	22	39	32	15	19	201
М/Ж	27	3	105	13	46	75	64	26	37	396

Социально- экономическое положение

Одним из показателей социально-экономического положения является занятие. В таблице 2 мы отразили род занятий респондентов в виде, подобном тому, который используется в Бюро переписи населения США. Оба образца демонстрируют высокую долю неквалифицированных рабочих, которые известны под названием "синих воротничков". В сфере услуг занято больше женщин из села. В категории неквалифицированных рабочих находятся больше женщин из города, указавших занятость с полным рабочим днем на заводах, фабриках и т.д. В целом, было зафиксировано мало разнообразия в занятиях.

Таблица № 2. Профессиональные категории: город, село, пол
*М: Мужчины, Ж: Женщины

	Город			Село			Итого		
	М	Ж	М + Ж	М	Ж	М + Ж	Всего М	Всего Ж	Всего М+Ж
Профессионал	1 .5%	4 2.0%	5 1.2%	3 1.5%	6 3.0%	9 2.2%	4 1.0%	10 2.5%	14 1.8%
Продажи	1 .5%	0	1 .2%	0	1 .5%	1 .3%	1 .3%	1 .2%	2 .3%
Земледелие	2 1.0%	0	2 .1%	0	0	0	2 .5%	2 .5%	4 .5%
Квалифицированный	9 4.5%	8 4.0%	17 4.2%	5 2.5%	7 3.5%	12 3.0%	14 3.5%	15 3.7%	29 3.6%
Полуквалифицироан ный	1 .5%	1 .5%	2 .5%	1 .5%	0	1 .3%	2 .5%	2 .5%	4 .5%
Сфера услуг	0	7 3.4%	7 1.7%	0	15 7.5%	15 3.8%	0	21 5.0%	21 2.6%
Учащийся	25 12.5%	21 10.3%	46 11.4%	21 10.8%	14 7.0%	35 8.8%	46 11.6%	35 8.7%	81 10.1%
Неквалифицированн ый	159 80.0%	141 69.5%	300 74.4%	158 81.0%	108 53.7%	266 67.2%	317 80.3%	249 61.6%	516 64.6%
Домохозяйка	0	21 10.3%	21 5.2%	0	37 18.4%	37 9.3%	0	58 14.4%	58 7.3%
Ребенок	1 .5%	1 .5%	2 .5%	2 1.0%	10 5.0%	12 3.0%	3 .8%	11 2.7%	14 1.8%
Пенсионер	0	0	0	0	1 .5%	1 .3%	0	1 .2%	1 .1%
Не знаю	1 .5%	0	1 .2%	2 1.0%	0	2 .5%	3 .8%	0	3 .4%
Нет информации	0	0	0	3 .5%	1 .5%	4 1.0%	1 .8%	1 .2%	4 .5%
Итого	**200**	**203**	**403**	**195**	**201**	**396**	**395**	**404**	**799**

Общие наблюдения:

- значительно меньшее число респондентов из села по сравнению с респондентами из города имеет русские имена и отчества;
- респонденты из города показывают лучшее знание значения своих имен, чем респонденты из села;
- респонденты из села демонстрируют более высокую религиозность и соблюдают больше религиозных практик, чем респонденты из города; религиозность т
- молодое поколение респондентов из города не являются религиозным;
- респонденты не уделяют церемонии наименования такой же степени внимания как респонденты из села;
- основной причиной выбора имени является его благозвучность как у респондентов из города, так и у респондентов из села.

Наиболее распространенные (часто встречающиеся имена)

В таблице 3 приведены имена городских и сельских респондентов, которые появлялись три раза и более. Объединенный список городских и сельских респондентов включает имена с показателем частоты пять или более. Значения имен приведены в Словаре.

Таблица № 3. Наиболее часто встречающиеся женские и мужские имена у респондентов города и села

Город		Село		Город+Село	
Мужчины	Женщины	Мужчины	Женщины	Мужчины	Женщины
Ринат 1	Зульфира 8	Марат 4	Зульфия 5	Ринат 14	Зульфия 12
Рамиль 8	Альфия 6	Рамиль 4	Альфия 4	Рамиль 12	Альфия 10
Анвар 4	Лилия 6	Ренат 4	Зайтуна 4	Ренат 9	Наиля 10
Дамир 4	Наиля 6	Зайнулла 4	Юлия 3	Марат 8	Лилия 8
Марат 4	Танзиля 4	Зинур 4	Марьям 3	Анвар 6	Нурия 6
Рашит 4	Эльмира 3	Ансар 3	Наиля 3	Наиль 5	Зайтуна 6
Ренат 4	Файзура 3	Анвар 3	Нурия 3	Рашит 5	Гульнара 5
Нурулла 3	Фатима 3	Наиль 3		Раиль 5	Сания 5
Равиль 3	Гульнара 3	Раиль 3			
Тимур 3	Нурия 3				
	Сания 3				
	Захира 3				
	Зухра 3				

Небольшое количество чисто татарских имен, фигурирующих среди имен наиболее распространенных, возможно, объясняется влиянием русификации. Мы считаем, что татары заимствовали не только чисто русские имена, но и любые имена, используемые русскими, ошибочно полагая, что они имеют русское происхождение.

Несоответствия

Теперь мы обратимся к тем именам, которые мы поместили под заголовком "Несоответствия". Несоответствия возникают тогда, когда респондент имеет 2 имени: одно в татарской общине, а другое в русской. Анализ таблицы № 4 показывает, что в четыре раза больше мужчин и женщин в городе, чем в деревне имеют два имени, и почти в два раза больше татарских женщин, чем мужчин имеют русские имена.

Дальнейшее изучение имен показывает, что вновь принятое русское имя, как правило, имеет такую же начальную букву. А также практически в половине городских данных, имя не только начинается на ту же букву, но и имеет аналогичное количество слогов. Например, Минулла > Михаил, Надия > Надежда.

Таблица № 4. Сравнение города и села: официальные и татарские имена (несоответствия)

	Город			Село		
	М	Ж	Итого	М	Ж	Итого
Несоответствия	44	72	116	10	19	29
% от общего числа	22%	35%	29%	5%	10%	7%
Всего	200	204	404	198	200	398

Выводы

Имена, которые западносибирские татары использовали весь исторический период их существования, можно разделить на следующие категории:

Старые имена, происходящие из арабского, персидского или турецкого языков, которые часто являются составными и содержат суффиксы -абд- (вера), -дин- (религия), -улла- (Бог): например Абдулла, Каллимулла, Гайнутдин и многие производные от имени пророка Мухаммеда.

Новые имена, пришедшие из Турции и Ирана или имеющие татарское происхождение, которые могут представлять собой комбинацию нескольких слов из разных языков или комбинацию разных имен: например Мусагитдин, Сайджафар.

Новейшие имена, которые происходят из татарского, русского и европейских языков. Они представляют собой, как правило, измененные варианты старых имен, где некоторые буквы были добавлены, чтобы сделать их более благозвучными, или некоторые европейские имена, такие как Рудольф, Альберт и так далее. Татары также склонны придумывать новые имена для своих детей, как правило, с помощью некоторых слов или словосочетаний из арабского, персидского и татарского языков, имеющих красивое звучание. Еще одной тенденцией в сфере именования является стремление молодых родителей изобретать новые имена, путем изменения начальных букв в старых именах (Эльмира > Ильмира, Наиль > Фаиль).

К середине 19-го века татарская антропонимическая модель была изменена в соответствии с российским шаблоном именования. Фамилии стали образовываться от имени отца и приобрели суффиксы ов-ова, тогда как отчества – суффиксы вич-вна, характерные для мужской и женской моделей именования в русском языке. Это, однако, было не единственным изменением в татарской системе именования. С образованием СССР большое количество представителей татарской национальности под влиянием социальных обстоятельств покинули свои общины и стал городскими резидентами, что заставило их особенно тесно взаимодействовать с русским населением. Дети должны были обучаться в советских школах, а взрослые работать в русскоговорящем коллективе. Согласно национальной политике СССР, советские граждане должны были быть уравнены во всем. Это спровоцировало растущую волну попыток приспособиться к новому обществу, в котором русские представляли подавляющее большинство.

Таким образом, вынужденные жить в двух культурных мирах, западносибирские татары должны были использовать два языка и две модели именования. Только представителям татарской интеллигенции удалось удержаться от соблазна стать такими, как русские. Они осознали, что единственный способ сохранить свою культуру, национальную и персональную идентичность заключается в том, чтобы оставаться татарами и мусульманами.

Тем не менее, большинство татар стало приобретать российские имена и отчества. Эти имена в полной мере соответствуют русской модели именования. Приобретенное русское имя и отчество изначально имели те же начальные буквы, что и татарские, например Минулла > Михаил, Нуруллович > Николаевич. Со временем это правило постепенно сошло на нет, и в настоящее время русские имена в дополнение или замену к татарским все чаще выбираются на основе личных предпочтений.

Russian to English Pronunciation Guide

Кириллица Cyrillic Letters	Русское произношение Russian Pronunciation	Примеры на русском языке Russian Examples	Английское произношение English Pronunciation
Я а	ях	а	a in "father"
Б в	вех	вáбá	b in "book"
В в	vех	Вólgа	v in "vote"
Г г	gех	grom	g in "good"
Д д	dех	dа	d in "day"
е е	yех	ést	ye in "yes"
Ж ж	zжех	zаdáса	s in "pleasure"
З з	zех	јená	z in "zone"
И и	ее	і	ee in "meet"
Й [	ее kr<tкое	tramyá[	y in "boy"
К к	хах	káжа	k in "key"
Л л	еl	lámpa	l in "full"
М т	ет	táта	m in "man"
Н х	еn	nos	n in "not"
О о	ох	оn	o in "or"
П р	рех	pоl	p in "pin"
R р	еrr	rоt	r in "err"
С с	еss	stоl	s in "sister"
Т t	tхе	tam	t in "it"
У и	оо	urók	oo in "food"
Ф f	еf	fábrikа	f in "for"
Х х	хха	xáta	ch in "loch"
Ц х	tsех	xеntr	tz in "quartz"
Ч с	схех	са[	ch in "chat"
Ш ℓ	sхах	жkólа	sh in "shop"
Щ ж	sхсхах	жі	rash choice
Ъ 6	tyyordiĭ znak (xаrd sign)	оt6ézd	for consonant before
Ы 2	"yerry"	t2	i in "bit"
Ь 8	myaкккĭ znak (soft sign)	mat8	for consonant before
Э 5	е оbоr\tnoe (reversеd "е")	5tо	e in "men"
Ю 7	yоо	17вl7*	u in "yule"
Я y	yа	y	ya in "yard"

English to IPA Pronunciation Guide

Letter	Name of Letter	BBC	Dictionary Pronunciation Key	Standard English Example	BBC Example	IPA Letter	IPA Example
Vowels							
a ä	*A*	*ah*	ă	p<u>a</u>p<u>a</u>,	PAH-pah	ɑ	pɑpɑ
a ä	A	aw	ô	c<u>a</u>ll, s<u>o</u>ft	CAWL, SAWFT	ɔ	kɔl, sɔft
a ā	A	ahee	ā	r<u>ay</u>, t<u>a</u>me	RAHEE, TAHEEM	re	re, tem
e ĕ	E	eh	ĕ	g<u>e</u>t,	GEHT	ɛ	gɛt
e ē	E	ee	ē	h<u>ea</u>t, rec<u>ei</u>ve	BEET, REECEEVE	I	bit, risiv
I ĭ	i	ih	ĭ	P<u>i</u>t	PIHT	ɪ	pɪt
o ō	o	owe	ō	g<u>o</u>, b<u>eau</u>,	GO, BOWE	o	go
o ōō	o	oo	o͞o	M<u>oo</u>n	MOON	u	mun
u ŭ	u	uh	ŭ	C<u>u</u>t	KUHT	u	kut
Consonants							
b	bee	b	b	B<u>e</u>st	BEHST	b	bɛst
c	cee	ch		<u>ch</u>eap, cat<u>ch</u>	CHEEP	tʃ	tʃip
			kh	No equivalent in American English; akin to the <u>ch</u> in the Scottish word lo<u>ch</u> or the Hebrew word baru<u>ch</u> Bahtiyar	FAH-teex	x	ˈfɑ-tix
d	dee	d	d	<u>D</u>ome	DOME	d	dom
f	ef	f	f	<u>F</u>eet	FEET	f	fit
g	gee	g	g	<u>G</u>o	GO	g	go
j	jay	zh	J	<u>J</u>oke	JOEK	dʒ	dʒok
k	kay	k	kh	<u>c</u>ame, <u>c</u>up	KAHEEM, KUP	k	kem,kup
l	el	l	l	a<u>ll</u>, fi<u>ll</u>	AWL, FIL	l	ɔlˌfɪl
m	em	m	m	<u>M</u>en	MEHN	m	mɛn

n	en	n	n	Name	NAYM,	n	nem
p	pee	p	p	Pet	PEHT,	p	pɛt
r	ar	r	r	Roam	ROME	r	rom
s	edd	s	s	seem	SEEM	s	sim
sh		sh	sh	shoe	SHOO	ʃ	ʃu
t	tee	t	t	Tea	TEE	t	ti
v	vee	v	v	Vest	VEHST	v	vɛst
y	wye	yah	y	Yet	YEHT	j	jɛt
z	Zee	zee	z	Seize	SEEZ	z	siz
zh				Rouge	ROOZH	ʒ	ruʒ

Russian to IPA Pronunciation Guide

Кириллица Cyrillic Letters	Русское произношение Russian Pronunciation	Английское произношение English Pronunciation	Примеры на русском языке Russian Example	Буквы МФА IPA Letters	Примеры МФА PA Examples
А a	ah	a in "father"	Я	ɑ	ʹpa-pa
Б b	beh	b in "book"	Báʙá	b	ʹba-ba
В b	veh	v in "vote"	Bóɪɢa	v	ʹvol-ga
Г g	geh	g in "good"	Gʀoʍ	g	grɔm
Д d	deh	d in "day"	Da	d	dɑ
Е e	yeh	ye in "yes"	Ésь	ɛ	jest
Ж j	zheh	s in "pleasure"	Zaʙáca	z	za-ʹda-tʃa
З z	zeh	z in "zone"	Jená	z	ʒɛ-ʹna
И i	ee	ee in "meet"	I	i	i
Й [	ee kr<tkoe	y in "boy"	ьʀaʍуá[	ɪ	tram-ʹbae
К k	kah	k in "key"	Káʍa	k	ʹka-ʃa

Л l	el	l in "full"	Lámpa	l	ˈlam-pa
M m	em	m in "man"	Mama	m	ˈma-ma
H h	en	n in "not"	Nos	n	nosˀ
O o	oh	o in "or"	On	ɔ	ɔrˀ
П p	peh	p in "pin"	Pol	p	pɔl
R p	err	er	Rot	r	rɔt
C c	ess	s in "sister"	Stol	s	stɔl
T t	the	t in "it"	tam	t	tam
У u	oo	oo in "food"	Urók	u	u-ˈrok
Ф f	ef	f in "for"	Fábrika	f	fa-ˈbrik-a
X x	kha	ch in "loch"	Xáta	x	ˈxɑ -ta
Ц h	tseh	tz in "quartz"	Xentr	ts	ˈtsen-tɛr
Ч c	cheh	ch in "chat"	ca[	tʃ	tʃɪ
Ш q	shah	sh in "shop"	Xkóla	ʃ	ˈʃkɔ-la
Щ w	shchah	ra<u>sh ch</u>oice	Xi	ʃtʃ	stʃɪ
Ъ 6	tvyordiĭ znak (hard sign)	for consonant before	ot6ézd	no clear equivalent	
Ы 2	"yerry"	i in "bit"	t2	i	ɪ
Ь 8	myakhkiĭ znak (soft sign)	for consonant before	mat8	no clear equivalent	
Э 5	e obor\tnoe (reversed "e")	e in "men"	5to	ɛ	ˈjɛt-o
Ю 7	yoo	u in "yule"	l7bl7*	u	ˈlɪub-lɪu
Я y	ya	ya in "yard"	Y	j	ja

DICTIONARY
СЛОВАРЬ

ab-ʻdul-ga-ni| M:8

Абдулгани ⚱ аб-ДУЛ-га-ни 🗣 (араб.) *абдул* "слуга" + гани "самодовлеющий" = "слуга Самодовлеющего"

Abdulgani ⚱ ahb-DOOL-gah-nee 🗣 Arabic *abdul* "servant" + gani "the self-sufficient" = "servant of the Self-Sufficient"

ab-ʻdul-ka-bir| M:1

Абдулкабир ⚱ аб-ДУЛ-ка-бир 🗣 (араб.) абдул "слуга" + кабир "величайший" = "слуга Величайшего"

Abdulkabir ⚱ ahb-DOOL-kah-beer 🗣 Arabic abdul "servant" + kabir "the most" = "servant of the Most Sagacious"

ab-ʻdul-ka-rim| M:1

Абдулкарим ⚱ аб-ДУЛ-ка-рим 🗣 (араб.) абдул "слуга" + карим "сверхщедрый" = "слуга Сверхщедрого"

Abdulkarim ⚱ ahb-DOOL-kah-reem 🗣 Arabic abdul "servant" + karim "the most generous" = "servant of the Most Generous"

ab-ʻdul-la| M:3

Абдулла ⚱ аб-ДУЛ-ла 🗣 (араб.) абдул "слуга Аллаха", "раб Божий". Компонент имениAbdulla ⚱ ahb-DOOL-lah 🗣 Arabic abdul "servant of Allah", "servant of God". Component of the compound names

---

ENTRY ELEMENTS

Line 1: IPA* Spelling of Name | Gender:Frequency
Line 2: Cyrillic Spelling ⚱ Easy Pronunciation 🗣 Meaning
Line 3: English Spelling ⚱ BBC** Style "Easy" Pronunciation 🗣 Meaning
       *IPA 'International Phonetic Alphabet'
       **BBC 'British Broadcasting Company'

ɑ-ˈdi-jɑ| Ж/F:2

    Адия 🔊 а –ДИ-я 🔈 (араб.) "дар."

    Adiya 🔊 Fah-DEE-yah 🔈 Arabic "gift, prize"

ˈa-zɑt | M:1

    Азат 🔊 А-зат 🔈 (персид.) "свободный"

    Azat 🔊 AH-zaht 🔈 Iranian azad "free"

ˈaz-gɑr | M:1

    Азгар 🔊 АЗ-гар 🔈 Вариант арабского асгар "младший", "меньший". В Турции означает "рядовой"

    Azgar 🔊 AHZ-gahr 🔈 Variant of Arabic asgar "junior", "smallest". In Turkic areas means "soldier", "lowest rank in army"

ɑz-ˈnɑ-gul | Ж/F:1

    Азнагуль 🔊 аз-НА-гуль 🔈 (арабско-персид.) азна "нежный" + гуль "цветок" = "нежный цветок"

    Aznagul 🔊 ahz-NAH-gool 🔈 Arabic-Iranian azna "tender" + gul "flower" = "tender flower"

ˈai-bɑ-nu | Ж/F:1

    Айбану 🔊 АЙ-ба-ну 🔈 (тюрк.) ай "луна" + бану "женщина", "госпожа" = "лунная женщина", "госпожа."

    Aibanu 🔊 AHEE-bah-noo 🔈 Turkic ay "moon" + banu "lady" = "moon lady"

ˈai-gul | Ж/F:2

    Айгюль 🔊 АЙ-гюль 🔈 (тюрк.) ай "луна" + гуль "flower" = "лунный цветок". Ново-татарское имя

    Aigul 🔊 AHEE-gool 🔈 Turkic ay "moon" + Iranian gul "flower" Newly invented tatar name without essential meaning

ˈai-ni-nur | Ж/F:1

    Айнинур 🔊 АЙ-ни-нур 🔈 (араб.) айн "глаз" + нур "свет" = "свет глаз"

    Aininur 🔊 AHEE-nee-noor 🔈 Arabic ayn "eye" + nur "light" = "light of eyes"

ЭЛЕМЕНТЫ ЗАПИСИ ИМЕНИ

Строка 1: IPA* Написание имени | Пол: Частота

Строка 2: Написание имени (кириллица) 🔊 Упрощенное произношение 🔈 Значение

Строка 3: Написание имени (латиница) 🔊 BBC** Упрощенное произношение 🔈 Значение

    *IPA 'Международный фонетический алфавит'

    **BBC 'Британская телерадиовещательная компания'

ʻai-rat | M:1

Айрат ⚖ АЙ-рат 🌷 (монгол.) "человек", "пастух"

Airat/Eirat ⚖ AHEE-raht 🌷 Mongolian "man", "herdsman"

ʻai-ʃa | Ж/F:1

Айша1 ⚖ АЙ-ша 🌷 (араб.) "живая", "процветающая." Имя жены Мохаммеда

Aisha ⚖ AHEE-sha 🌷 Arabic "living", "prosperous". Wife of Mohammed

ʻa-ljo-na | Ж/F:1

Алена ⚖ А-ле-на 🌷 (рус.) Елена < (греч.) имя дочери Зевса, "сияющая", "яркая"

Alyona ⚖ AH-lyo-nah 🌷 Russian Yelena < Greek (h)élen, daughter of Zeus, meaning "Greek", "educated" by extension "the bright one", "the shining one"

a-ʻlik-bjɛr | M:2

Аликбер ⚖ А-ЛИК-бер 🌷 (араб.) али "высокий" + акбар "великий"

Alikber ⚖ ah-LEEK-byehr 🌷 Arabic ali "high", "supreme" + akbar "biggest", "greatest" = "God is great"

ʻa-li-sa | Ж/F:1

Алиса ⚖ а-ЛИ-са 🌷 (англ. < старофранц. < старонемец.) "благородная", возможно сокр. от Александра

Alisa ⚖ ah-lee-sah 🌷 English < Old French < Old German "of noble kind", possibly a form of Alexandra

a-ʻli-ja | Ж/F:3

Алия ⚖ а-ЛИ-я 🌷 (араб.) али "высокая"

Aliya ⚖ ah-LEE-yah 🌷 Arabic ali "high", "supreme"

ʻal-bɛrt | M:2

Альберт ⚖ АЛЬ-берт 🌷 (старонем.) вариант имени Адальберт "благородный"

Albert ⚖ AHL-byehrt 🌷 Old German Adalbert "noble", "bright"

al-ʻbi-na | Ж/F:2

Альбина ⚖ аль-БИ-на 🌷 (лат.) имя одной из римских династий, женская форма, имеет значение "белый"

Albina ⚖ ahl-BEE-nah 🌷 Latin Albinus, name of a Roman family, feminine form. The name means "white"

al-ʻfi-ja | Ж/F:10

Альфия ⚖ аль-ФИ-я 🌷 (араб.) "великая", "долгожительница"

Alfiya ⚖ ahl-FEE-yah 🌷 Arabic "supreme", "long-lived"

3

al-ʻfi-ra | Ж/F:1

Альфира 🔊 аль-ФИ-ра 🗣 (араб.) Альфия "великая", "долгожительница".

Alfira 🔊 ahl-FEE-rah 🗣 Arabic Alfiya, "a woman who lives a thousand years"

ʻal-frit | M:2

Альфрид 🔊 Аль-фрит 🗣 (староангл.) вариант имени Альфред

Alfrid 🔊 AHL-freet 🗣 Old English Ael-fraed "elf counsel" (Alfred)

am-ʻaz-at | M:1

Амазат 🔊 а-МА-зат 🗣 (араб.) вариант имени Азамат "величие"

Amazat 🔊 ah-MAH-zaht 🗣 Arabic variant form of Azamat "greatness"

a-ʻmen-ja | Ж/F:1

Аменя 🔊 а-МЕ-ня 🗣 (араб.) вариант имени Амина "мирная", "верная"

Amenya 🔊 ah-ME-nyah 🗣 Arabic variant form of Amina "peaceful", "secure"

a-ʻmer-xan | M:1

Амерхан 🔊а-МЕР-хан 🗣 (араб.) "чистый"

Amerhan 🔊 ah-MEHR-xahn 🗣 Arabic "pure"

a-ʻmi-na | Ж/F:1

Амина 🔊 а-МИ-на 🗣 (араб.) женская форма имени Амин "верная", "надежная"

Amina 🔊 ah-MEE-nah 🗣 Arabic feminine form of Amin "trustworthy"

ʻa-mir | M:1

Амир 🔊 а-МИР 🗣 (араб.) "принц"

Amir 🔊 ah-MEER 🗣 Arabic "prince"

ʻan-var | M:7

Анвар 🔊 ан-ВАР 🗣 (араб.) мн.ч. сущ. нар "пламя". Фигуральное значение "светлый", "яркий"

Anvar 🔊 ahn-VAHR 🗣 Arabic plural form of nar "flame". Figuratively, "light", "bright", "shining"

ʻan-sar | M:3

Ансар 🔊 АН-сар 🗣 (араб.) "помощник"

Ansar 🔊 AHN-sahr 🗣 Arabic "helper"

as-ʻfi-ja | Ж/F:1

Асфия 🔊 ас-ФИ-я 🗣 (араб.) "чистая", "целомудренная"

Asfiya 🔊 ahs-FEE-yah 🗣 Arabic asfiya "pure", "unblemished", "chaste"

at-na-ˈgoz-ja | M:1

Атнагозя ⚱ ат-на-го-ЗЯ 🐦 Значение неизвестно

Atnagozya ⚱ aht-nah-go-ZYAH 🐦 Meaning unknown

au-la-ˈdi-ja | Ж/F:1

Ауладия ⚱ ау-ла-ДИ-я 🐦 (араб.) аулад "дети" + женская форма окончания -ия

Aooladiya ⚱ ahoo-lah-DEE-yah 🐦 Arabic awlad "children" + feminine ending –iya

aux-ˈtan | M:1

Аухтан ⚱ аух-ТАН 🐦 (араб.) "правитель"

Aoohtan ⚱ ahoox-THAN 🐦 Arabic "ruler"

ax-ˈljul-la | M:1

Ахлюлла ⚱ ах-ЛЮЛ-ла (араб.) ахл "люди" + Аллах (Бог) = "божьи люди"

Ahlyoola ⚱ ahx-LYOOL-lah 🐦 Arabic ahl "people" + Allah (God) = "people of God"

ax-ma-ˈdjul-la | M:1

Ахмадилла ⚱ ах-ма-ДИЛ-ла 🐦 (араб.) ахмад "прославленный" + Аллах (Бог) = "прославленный слуга Господа"

Ahmadilla ⚱ ahx-mah-DEEL-lah 🐦 Arabic ahmad "prized", "celebrated" + Allah (God) = "celebrated servant of God"

ax-mjɛt-ˈga-li | M:1

Ахметгали ⚱ ах-мет-га-ЛИ 🐦 (араб.) ахмад "прославленный" + али "возвышенный"

Ahmetgali ⚱ ahx-mjeht-gah-LEE 🐦 Arabic ahmad "prized", "celebrated" + ali (Tatar form galii) "elevated"

ax-mjɛt-ha-ˈbir | M:1

Ахметхабир ⚱ ах-мет-ха-БИР 🐦 (араб.) ахмад "прославленный" + хабир "тот, кто приносит новости"

Ahmethabir ⚱ ahx-mjeht-hah-BEER 🐦 Arabic ahmad (Tatar form ahmet) "prized", "celebrated" + habir "the one who brings, delivers news"

Б В

bɑ-gɑ-ˈʒɑt | Ж/F:1

Багажат 🔊 ба-га-ЖАТ 🔊 (араб.) бажат "радость", "веселье"

Bagazhat 🔊 bah-gah-ZHAHT 🔊 Arabic bahjat "joy", "delight"

ˈbɑ-gɑr | M:1

Багар 🔊 БА-гар 🔊 (араб.) также Бакар, «пастух»

Bagar 🔊 BAH-gahr 🔊 Also Baqar, Kazak. Sheep shepherd or possibly cowherder

bag-dɑ-ˈnur | M:1

Багданур 🔊 баг-да-НУР 🔊 (перс.) баг "сад" + (тюрк.) суфф. -да-"в" + (араб.) нур "свет" = "свет в саду"

Bagdanoor 🔊 bahg-dah-NOOR 🔊 Iranian bagh "garden" + Turkic suffix -da- "in" + Arabic nur "light" = "light in garden"

ˈbɑ-gi-dɑ | Ж/F:4

Багида 🔊 ба-ги-ДА 🔊 (араб.) "долгожительница"

Bagida 🔊 bah-gee-DAH 🔊 Arabic "longlived", "centenarian"

ˈbɑ-gi-sɑ | Ж/F:1

Багиса 🔊 ба-ги-СА 🔊 Возможно вариант имени Багида

Bagisa 🔊 bah-gee-SAH 🔊 Possibly modified version of Bagida

bad-jɛr-ni-ˈsɑ | Ж/F:2

Бадерниса 🔊 ба-дер-ни-СА 🔊 (араб.) бадр "полная луна" + ниса "женщина"

Badyernisa 🔊 bahd-yehr-nee-SAH 🔊 Arabic badr "full moon" +nisa "woman"

Tatar woman and her daughter

bɑr-ˈxi-jɑ | Ж/F:1

Бархия ⚱ бар-ХИ-я 🐦 (араб.) барха "дождь, дающий жизнь (муссон)"

Barhiya ⚱ bahr-XEE-yah 🐦 Arabic barkha "rain, life-giving (monsoon)"

bɑxˈti-jɑr | M:3

Бахтияр ⚱ бах-ТИ-яр 🐦 (тюрк.) «счастливый»

Bahtiyar ⚱ bahx-TEE-yahr 🐦 Turkic "followed by chance"

ˈbjɛ-le | M:1

Беляй ⚱ БЕ-ляй 🐦 (рус.) "белый"

Byelyay ⚱ BYEH-lay 🐦 Russian belyj "white"

bi-bi-ˈnur | Ж/F:1

Бибинур ⚱ би-би-НУР 🐦 (перс.) биби "тетя" + (араб.) нур "свет"

Bibinoor ⚱ bee-bee-NOOR 🐦 Iranian bibi "aunt" + Arabic nur "light"

bi-ˈrjuʃ | M:1

Бирюш ⚱ би-РЮШ 🐦 (татар.-рус.) бирюк "одинокий волк" < (древнетюрк.) бори "волк" тотемное животное древн.тюрков

Biryoosh ⚱ bee-RYOOSH 🐦 Tatar-Russian biruk "the lone wolf" < Old Turkic bori "wolf" wolf of a totem of Ancient Turks

bu-ˈlɑt | M:2

Булат ⚱ бу-ЛАТ 🐦 (тюрк.) "сталь"

Boolat ⚱ boo-LAHT 🐦 Turkic "steel"

ˈbul-bul | Ж/F:1

Булбул ⚱ БУЛ-бул 🐦 (перс.-тюрк.) "соловей"

Boolbool ⚱ BOOL-bool 🐦 Iranian-Turkic "nightingale"

Ч С

ˈtʃim-nɑs | Ж/F:1

Чимназ ⚱ ЧИМ-наз 🐦 (перс.) "кокетка"

Chimnaz ⚱ CHEEM-nahs   Iranian "coquettish"

tʃin-ˈbu-lɑt | M:1

Чинбулат ⚱ чин-БУЛ-лат 🐦 (тюрк.) чин "китайский" + булат "сталь" = "китайская сталь"

Chinboolat ⚱ cheen-BOO-laht 🐦 Turkic chin "Chinese" + bulat "steel" = "Chinese steel"

ˈtʃin-gis | M:2

Чингиз 🗣 ЧИН-гиз   👤 Имя монгольского хана, знаменитого военачальника 13-го века

Chingiz 🗣 CHEEN-gees 👤 Mongolian khan, 13th century military leader

Д D

ˈdɑi-ʃɑt | Ж/F:1

Дайшат 🗣 ДАЙ-шат 👤 (араб.) "живая"

Dayshat 🗣 DAHEE-shaht 👤 Arabic "alive", "she who lives"

ˈdɑ-mir | M:4

Дамир 🗣 ДА-мир 👤 (тюрк.) "железо"

Damir 🗣 DAH-meer 👤 Turkic "iron"

ˈdɑ-nis | M:1

Данис 🗣 ДА-нис 👤 (тюрк.) "море"

Danis 🗣 AH-nees 👤 Turkic "sea"

dɑ-ˈni-jɑ | Ж/F:1

Дания 🗣 да-НИ-я 👤 (араб.) "мир"

Daniya 🗣 dah-NEE-yah 👤 Arabic "world"

ˈdɑr-jɑn | M:1

Дарьян 🗣 ДАРЬ-ян 👤 (перс.) "море"

Dar'yan 🗣 DAHR-yahn 👤 Iranian "sea"

di-ˈɑ-nɑ | Ж/F:2

Диана 🗣 ди-А-на 👤 (лат.) имя римской богини охоты и луны

Diana 🗣 dee-AH-nah 👤 Latin Roman goddess of the hunt and the moon

di-ˈljɑ-rɑ | Ж/F:1

Диляра 🗣 ди-ЛЯ-ра 👤 (перс.) "возлюбленная"

Dilyara 🗣 dee-LYAH-rah 👤 Iranian "lover"

di-ljɑ-fi-ˈrus | Ж/F:1

Диляфирусь 🗣 ди-ля-фи-РУСЬ 👤 (перс.) "возлюбленная", "очаровательная"

Dilyafiroos' 🗣 dee-lyah-fee-ROOS 👤 Iranian "lover", "beloved", "charming lady"

'di-na | Ж/F:2

    Дина ◬ ДИ-на 🗣 (араб.) "легкий дождь"

    Dinah ◬ DEE-nah 🗣 Arabic "drizzle"

di-'nar | M:1

    Динар ◬ ди-НАР 🗣 (араб.) динар (араб. денежная единица).
    Фигуральное значение "дорогой"

    Dinar ◬ dee-NAHR 🗣 Arabic dinar (Arab monetary unit). By extension
    can be understood as "wealthy"

di-'na-ra | Ж/F:2

    Динара ◬ ди-НА-ра 🗣 енский вариант имени Динар

    Dinara ◬ dee-NAH-rah 🗣 Feminine variant of Dinar

'di-ni-ja | Ж/F:1

    Диния ◬ ДИ-ни-я 🗣 (араб.) "набожная"

    Diniya ◬ DEE-nee-yah 🗣 Arabic "religious"

Э Е

e-'du-art | M:1

    Эдуард ◬ э-ДУ-ард 🗣 Французский вариант английского имени
    Эдвард "страж имущества"

    Edooard ◬ ay-DOO-ahrt 🗣 French form of English Edward "guardian of
    property"

er-'kaʃ | Ж/F:1

    Эйркаш ◬ эйр-КАШ 🗣 (тюрк.) правильная форма Эргаш
    "сопровождающая"

    Eyrkash ◬ ayr-KAHSH 🗣 Turkic correct form Ergash "accompanying"

'el-vir | M:1

    Эльвир ◬ ЭЛЬ-вир 🗣 (исп.) мужская форма имени Эльвира (см.
    ниже)

    El'vir ◬ AYL-veer 🗣 Spanish masculine form of Elvira (see next)

el-'vi-ra | Ж/F:4

    Эльвира ◬ эль-ВИ-ра 🗣 Значение неясно. Возможно от названия
    города Эльвира в Испании

    El'vira ◬ ayl-VEE-rah 🗣 Origin uncertain, possibly from town of Elvira,
    Spain

ʻel-dar | M:2

Эльдар ⚘ ЭЛЬ-дар 🗣️ (тюрк.-перс.) "владелец родной страны" т.е. "король"

El'dar ⚘ AYL-dahr 🗣️ Turkic-Iranian "owner of native country, people" i.e. "king"

ʻel-mir | M:1

Эльмир ⚘ ЭЛЬ-мир 🗣️ 1. (араб.) возможно мужская форма имени Эльмира "принцесса"; 2. советская аббревиатура "электрификация мира"

El'mir ⚘ AYL-meer 🗣️ 1. Arabic possibly maculine form Elmira "princess"; 2. a Stalinist abbreviation of "Elektrifikasiya Mira" (Electrification of the World)

el-ʻmi-ra | Ж/F:4

Эльмира ⚘ эль-МИ-ра 🗣️ (араб.) "принцесса"

El'mira ⚘ ayl-MEE-rah 🗣️ Arabic "princess"

el-ʻfi-ja | Ж/F:1

Эльфия ⚘ эль-ФИ-я 🗣️ (араб.) вариант имени Альфия "долгожительница"

El'fiya ⚘ ayl-FEE-yah 🗣️ Arabic form of Alfiyya "a woman who lives 100 years"

Decorated Tatar home

e-ʻmi-li-ja | Ж/F:1

Эмилия ⚘ э-МИ-ли-я 🗣️ (лат.) женская форма имени Эмилиус. Имя нескольких первых святых

Emiliya ⚘ ay-MEE-lee-yah 🗣️ Latin feminine form of Aemilius, Roman family name. Name of several early saints

er-ʻfan | M:1

Эрфан ⚘ эр-ФАН 🗣️ (араб.) Ирфан "священное знание"

Erfan ⚘ ayr-FAHN 🗣️ Arabic Irfan "sacred knowledge"

Ф F

fa-va-ri-`ja | Ж/F:1

Фавария 🪨 фа-ва-ри-Я 👤 (араб.) "страстная"

Favariya 🪨 fah-vah-ree-YAH 👤 Arabic "hot", "passionate"

faf-zjɛl-ka-`mar| M:1

Фавзелькамар 🪨 фам-зель-ка-МАР 👤 (араб.) фавз "победа"+ камар "луна" = "победоносная луна"

Favzyel'kamar 🪨 fahf-zyehl-kah-MAHR 👤 rabic fawz "victory" + kamar "moon" = "victorious moon"

fat-`zi-ja| Ж/F:1

Фавзия 🪨 фав-ЗИ-я 👤 (араб.) "победитель"

Favziya 🪨 fahv-ZEE-yah 👤 Arabic "winner"

fai-zjɛl-ka-`dir| M:1

Файзелькадир 🪨 фай-зель-ка-ДИР 👤 (араб.) фейз "благо"+ кадир "могущественный" (Аллах) = "благо Аллаха"

Fayzyel'kadir 🪨 ahee-xyehl-kah-DEER 👤 Arabic feyz "benefit" + kadir "powerful" i.e. Allah = "Benefit of Powerful Allah"

fai-zul-`la| M:1

Файзулла 🪨 фай-зул-ЛА 👤 (араб.) фейз "благо"+ Аллах = "благо Аллаха"

Fayzoolla 🪨 fahee-zool-LAH 👤 Arabic feyz "benefit" + Allah = "Benefit of Allah"

fai-zu-`ra | Ж/F:3

Файзура 🪨 фай-зу-РА 👤 (араб.) женский вариант имени Файруз (бирюза)

Fayzoora 🪨 fahee-zoo-RAH 👤 Arabic feminine form of Fairuz (turquoise)

fai-hul-`la| M:1

Файхулла 🪨 фай-хул-ЛА 👤 (араб.) вариант имени Файзулла

Fayhoolla 🪨 fahee-hool LAH 👤 Arabic distorted Фаizullah "benefit", "mercy of Allah"

`fan-gis | M:1

Фангиз 🪨 ФАН-гиз 👤 (араб.) фан "наука", "знание"+ (тюрк.) гиз "идти"

Fangiz 🪨 FAHN-gees 👤 Arabic fan "science", "knowledge" + Turkic giz "go", "walk"

11

fɑn-ˈzi-ljɑ | Ж/F:1

    Фанзиля ⚭ фан-ЗИ-ля ❀ (араб.) фан "наука", "знание"+ зиля "свет"

    Fanzilya ⚭ fahn-ZEEL-yah ❀ Arabic fan "science", "knowledge" + ziya "light"

ˈfɑ-nil | M:2

    Фаниль ⚭ ФА-ниль ❀ (араб.) фан "наука", "знание"

    Fanil' ⚭ FAH-neel ❀ Arabic fan "science", "knowledge", "knowledgeable"

ˈfɑ-nis | M:2

    Фанис ⚭ ФА-нис ❀ (араб.) "источник света", "маяк"

    Fanis ⚭ FAH-nees ❀ Arabic "source of light", "beacon", "light-house"

fɑ-ˈni-jɑ | Ж/F:2

    Фания ⚭ фа-НИ-я ❀ (араб.) "сведущая", "образованная"

    Faniya ⚭ fah-NEE-yah ❀ Arabic "very knowledgeable", "educated"

fɑ-rɑ-ˈdisœ | M:1

    Фарадис ⚭ фа-ра-ДИС ❀ (перс.) фарадис, (лат.) парадисус "рай"

    Faradis ⚭ fah-rah-DEES ❀ Iranian faradis, Late Latin paradīsus "paradise"

fɑr-di-ˈnɑ | Ж/F:1

    Фардина ⚭ фар-ди-НА ❀ (араб.) "единственная", "уникальная"

    Fardina ⚭ fahr-dee-NAH ❀ Arabic "single", "unique"

fɑr-zɑ-ˈnɑ | Ж/F:1

    Фарзана ⚭ фар-за-НА ❀ (араб.) 1. "ученный", "врач"; 2. "выдающаяся среди других"

    Farzana ⚭ fahr-zah-NAH ❀ Arabic 1. "scholar", "doctor"; 2. "distinguished among others"

ˈfɑ-rit | M:3

    Фарид ⚭ ФА-рид ❀ (араб.) "единственный", "уникальный"

    Farid ⚭ FAH-reet ❀ Arabic "single", "rare", "unique"

fɑ-ˈri-dɑ | Ж/F:1

    Фарида ⚭ фа-РИ-да ❀ (араб.) женская форма имени Фарид

    Farida ⚭ fah-REE-dah ❀ Arabic feminine form of Farid "single", "rare", "unique"

fɑ-ˈri-ljɑ | Ж/F:3

    Фариля ⚭ фа-РИ-ля ❀ Значение неизвестно

    Farilya ⚭ fah-REEL-yah ❀ Meaning unknown

`fart-din | M:1

Фартдин ⚭ ФАРТ-дин ✿ (араб.) 1. возможно вариант имени Фарид;
2. фард ад-дин "единственный в вере"

Fartdin ⚭ FAHRT-deen ✿ Arabic 1. possibly form of Farid; 2. fard ad-din
"single in religion"

`fa-rus | M:1

Фаруз ⚭ ФА-руз ✿ (перс.) фируз (пируз) "победитель"

Farooz ⚭ FAH-roos ✿ Iranian firuz (piruz) "winner"

far-xa-`na | Ж/F:1

Фархана ⚭ фар-ха-НА ✿ (араб.) "счастье", "радость"

Farkhana ⚭ fahr-xah-NAH ✿ Arabic "happiness", "joy"

far-xu-`ra | Ж/F:1

Фархура ⚭ фар-ху-РА ✿ (араб.) фархуна "наша радость", "наше
счастье"

Farhoora ⚭ fahr-xoo-RAH Arabic farkhuna "our joy", "our happiness"

fa-ti-`ma | Ж/F:3

Фатима ⚭ фа-ти-МА ✿ (араб.) "женщина, отнимающая от груди
своих детей". Имя дочери пророка Мухаммеда

Fatima ⚭ fah-tee-MAH ✿ Arabic "woman who weans her children". Also
the name of Prophet Muhammad's daughter

`fa-tix | M:1

Фатих ⚭ ФА-тих ✿ (араб.) "завоеватель"

Fatih ⚭ FAH-teex ✿ Arabic "conqueror"

fa-ti-`xa | Ж/F:1

Фатиха ⚭ фа-ти-ХА ✿ (араб.) 1. "открывающая"; 2. Первая глава
Корана

Fatiha ⚭ fah-tee-XAH ✿ Arabic 1. "opening"; 2. The first chapter of the
Koran

fau-`zi-ja | Ж/F:1

Фаузия ⚭ фау-ЗИ-я ✿ (араб.) 1. "богатство"; 2. "победитель"

Faooziya ⚭ fahoo-ZEE-yah ✿ Arabic 1. "richness", "prosperity",
"wealth"; 2. "winner"

fax-`mul-la | M:1

Фахмулла ⚭ фах-МУЛ-ла ✿ (араб.) фахм "рассудок", "ум"+ Аллах =
"ум от Аллаха"

Fahmoolla ⚭ fahx-MOOL-lah ✿ Arabic fahm "reason", "intelligence" +
Allah = "reason, intelligence from Allah"

13

fje-di-ˈɑx-mjɛt | M:1

Федиахмет ⚱ фе-ди-АХ-мет 🔊 (араб.) фидай "приносить себя в
жертву"+ Ахмет (имя собственное) "славный"

Fyediahmyet ⚱ fyay-dee-AHX-myeht 🔊 Arabic fidai "sacrificing himself"
+ Ahmad = "the praised one" (personal name)

fi-ˈdjɛl | M:1

Фидель ⚱ фи-ДЕЛЬ 🔊 Фидель Кастро, главы Кубы и лидера
социал-революционеров. Популярен в бывшем СССР

Fidyel' ⚱ fee-DYEHL 🔊 Fidel Castro, president of Cuba and leader of
the socialist revolution, popular as a hero in the former USSR

fi-ˈni-rɑ | Ж/F:1

Финира ⚱ фи-НИ-ра 🔊 (араб.) Также Фанира "сведущая"

Finira ⚱ fee-NEE-rah 🔊 Arabic Also Fanira "very knowledgeable"

fi-ˈru-zɑ | Ж/F:1

Фируза ⚱ фи-РУ-за 🔊 (перс.) "бирюза"

Firooza ⚱ fee-ROO-zah 🔊 Iranian "turquoise"

ˈflju-rɑ | Ж/F:1

Флюра ⚱ ФЛЮ-ра 🔊 Значение неизвестно

Flyoora ⚱ FLYOO-rah 🔊 Meaning unknown

fo-ˈɑt | M:1

Фоат ⚱ фо-АТ 🔊 (араб.) "сердце"

Foat ⚱ fo-AHT 🔊 Arabic "heart"

fu-ˈzi-jɑ | Ж/F:1

Фузия ⚱ фо-ЗИ-я 🔊 Значение неизвестно

Fooziya ⚱ foo-ZEE-yah 🔊 Meaning unknown

Tatar school in Chernaya

Г G

gɑb-djɛl-xɑ-ʽris| M:1

Габдельхарис ⏚ габ-дель-ха-РИС 🌑 (араб.) Абд ал-Харис "Слуга Хранителя", т.е. Слуга Бога

Gabdyel'haris ⏚ gahb-dyehl-xah-REES 🌑 Arabic Abd al-Haris "Servant of the Guardian", i.e. of God

gɑb-dul-gɑ-ʽnji | M:1

Габдулганей ⏚ габ-дул-га-НЕЙ 🌑 (араб.) Абд ал-Гани "Слуга Самодовлеющего", т.е. Слуга Бога

Gabdoolganyey ⏚ gahb-dool-gah-NEJ 🌑 Arabic Abd al-Gani "Servant of the Self-Sufficient"

gɑ-ʽzi-jɑ | Ж/F:1

Газия ⏚ га-ЗИ-я 🌑 (араб.) женская форма имени Гази "победитель", "воин"

Gaziya ⏚ gah-XEE-yah 🌑 Arabic feminine form of Ghazi "conqueror", "warrior"

ʽgɑi-nut-din | M:1

Гайнутдин ⏚ Гай-нут-дин 🌑 (араб.) Айн ад-Дин "око веры"

Gaynootdin ⏚ GAHEE-noot-deen Arabic Ain ad-Din "eye of religion"

gɑi-ʽful-lɑ | M:1

Гайфулла ⏚ гай-ФУЛ-ла 🌑 (араб.) гайбулла "Тайна Аллаха"

Gayfoolla ⏚ gahee-FOOL-lah 🌑 Arabic gaibullah "Mystery of Allah"

ʽgɑ-li-mɑ | Ж/F:1

Галима ⏚ ГА-ли-ма 🌑 (араб.) "сведущая [женщина]"

Galima ⏚ GAH-lee-mah 🌑 Arabic "knowledgeable [woman]"

gɑ-ʽlim-zjɑn | M:1

Галимзян ⏚ га-ЛИМ-зян 🌑 (араб.) алим "сведущий" + (перс.) йан "душа"

Galimzyan ⏚ gah-LEEM-zyahn 🌑 Arabic alim "knowledgeable" + Iranian jan "soul"

gɑ-ʽli-jɑ | Ж/F:3

Галлия ⏚ га-ЛИ-я 🌑 араб.) "возвышенный", "занимающий высокий пост"

Galiya ⏚ gah-LEE-yah 🌑 Arabic "supreme", "holding high position"

15

gɑ-ˈri-zɑ | Ж/F:1

Гариза ⚰ га-РИ-за 🐦 (араб.) "хранительница", "защитница"

Gariza ⚰ gah-REE-zah 🐦 Arabic harisa "guardian [woman]"

gɑ-ti-jɑ-ˈtul-la | M:1

Гатиятулла ⚰ га-ти-я-ТУЛ-ла 🐦 (араб.) "решительность Бога (Аллаха)"

Gatiyatoolla ⚰ gah-tee-yah-TOOL-lah 🐦 Arabic "Decisiveness of God (Allah)"

gɑ-fur-ˈdʒɑn | M:1

Гафурджан ⚰ га-фур-ДЖАН 🐦 (араб.) гафур "милосердный" + (перс.) йан "душа", "жизнь"

Gafoorjan ⚰ gah-foor-JAHN 🐦 Arabic ghafur "merciful" + Iranian jan "soul", "life"

gjɛ-nɑ-ˈtul-la | M:1

Генатулла ⚰ ге-на-ТУЛ-ла 🐦 (араб.) "помощь Господа (Аллаха)"

Genatoolla ⚰ geh-nah-TOOL-lah 🐦 Arabic "Favor of God (Allah)"

gil-ˈmut-din | M:1

Гильмутдин ⚰ гиль-МУТ-дин 🐦 (араб.) "знание религии"

Gil'mootdin ⚰ geel-MOOT-deen 🐦 Arabic "knowledge of religion"

gi-ni-jɑ-ˈtul-la | M:1

Гиниятулла ⚰ ги-ни-я-ТУЛ-ла 🐦 (араб.) "решительность Бога (Аллаха)"

Giniyatoolla ⚰ gee-nee-yah-TOOL-lah 🐦 Arabic "Decisiveness of God (Allah)"

gi-fɑt-dʒa-ˈmɑl | Ж/F:1

Гифатджамал ⚰ ги-фат-джа-МАЛ 🐦 (араб.) иффат "целомудрие" + джамал "красота"

Gifatjamal ⚰ gee-faht-jah-MAHL 🐦 Arabic iffat "chastity" + jamal "beauty"

gɔl-ˈfi-nɑ | Ж/F:1

Гольфина ⚰ голь-ФИ-на 🐦 (перс.) "цветущий сад"

Gol'fina ⚰ gawl-FEE-nah 🐦 Iranian "flower garden"

gu-ˈbɑib-dul-la | M:1

Губайбдулла ⚰ гу-БАЙБ-дул-ла 🐦 (араб.) "Слуга Аллаха"

Goobaybdoolla ⚰ goo-BAHEEB-dool-lah 🐦 Arabic "Servant of Allah"

ˋgu-zɑl | Ж/F:2

Гузаль ◬ ГУ-заль ✿ (тюрк.) "красивый"

Goozal ◬ GOO-zahl ✿ Turkic "beautiful"

gu-zɑl-ˋja | Ж/F:1

Гузаля ◬ гу-за-ЛЯ ✿ (тюрк.) "красавица"

Goozalya ◬ goo-zah-LYAH ✿ Turkic "beautiful"

gul-bus-ˋtɑn | Ж/F:1

Гульбустан ◬ гуль-бус-ТАН ✿ (перс.) голь "роза" + бустан "сад"

Gool'boostan ◬ gool-boos-TAHN ✿ Iranian gol "rose" + bustan "garden"

gul-dʒi-ˋrɑn | Ж/F:1

Гульджиран ◬ гуль-джи-РАН ✿ (перс.) голь "роза" + (тюрк.) джиран "газель"

Gool'jiran ◬ gool-jee-RAHN ✿ Iranian gol "rose" + Turkic jiran "gazelle"

gul-ʒi-ˋxɑn | Ж/F:2

Гульжихан ◬ гуль-жи-ХАН ✿ (перс.) голь "роза" + джихан "мир"

Gool'zhihan ◬ gool-zhee-XAHN ✿ Iranian gol "rose" + jahan "world"

gul-zɑ-ˋmi-nɑ | Ж/F:1

Гульзамина ◬ гуль-за-МИ-на ✿ (перс.) голь "роза" + замина "земля", "основа"

Gool'zamina ◬ gool-zah-MEE-nah ✿ Iranian gol "rose" + zamina "earth", "foundation"

gul-nɑ-ˋrɑ | Ж/F:5

Гульнара ◬ гуль-на-РА ✿ (перс.) "цветок граната"

Gool'nara ◬ gool-nah-RAH ✿ Iranian "pomegranate flower"

gul-nɑ-ˋfis | Ж/F:1

Гульнафис ◬ гуль-на-ФИС ✿ (перс.) голь "роза" + нафис "драгоценный"

Gool'nafis ◬ gool-nah-FEES ✿ Iranian gol "rose" + nafis "precious"

ˋgul-sum | Ж/F:1

Гульсум ◬ ГУЛЬ-сум ✿ (перс.) "розоволикая"

Gool'soom ◬ GOOL-soom ✿ Iranian "rosefaced"

gul-fi-ˋrɑ | Ж/F:3

Гульфира ◬ гуль-фи-РА ✿ (перс.) "гранатовый цветок"

Gool'fira ◬ gool-fee-RAH ✿ Iranian "garnet flower"

17

gul-fi-ˈjɑ | Ж/F:1

Гульфия ⚰ гуль-фи-Я 🌾 (тюрк.) голь "роза" + женская форма окончания -фия. Новообразованное имя

Gool'fiya ⚰ gool-fee-YAH 🌾 Turkic gol "rose" + feminine ending -fiyya. New name

gul-hɑ-ki-ˈmɑ | Ж/F:1

Гульхакима ⚰ гуль-ха-ки-МА 🌾 (перс.) голь "роза" + (араб.) хакима "правительница", "принцесса"

Gool'hakima ⚰ gool-xah-kee-MAH 🌾 Iranian gul "rose" + Arabic hakima "ruler", "princess"

X H

gul-tʃjɛ-ˈtʃɛk | Ж/F:1

Гульчечек ⚰ гуль-че-ЧЕК 🌾 (перс.) голь "роза" + (тюрк.) чечек "цветок"

Gool'chyechyek ⚰ gool-chyeh-CHYEHK 🌾 Iranian gol "rose" + Turkic chechek "flower"

xɑ-ɑt-ˈjɛ-mɑ | Ж/F:1

Хаадема ⚰ ха-а-ДЕ-ма 🌾 (араб.) хадима "слуга Аллаха"

Haadyema ⚰ xah-ah-DYEH-mah 🌾 Arabic hadima "servant (of Allah)"

xɑ-bi-ˈbul-lɑ | M:1

Хабибулла ⚰ ха-би-БУЛ-ла 🌾 (араб.) хабиб "возлюбленный"+ Аллах = "возлюбленный Аллахом"

Habiboolla ⚰ xah-bee-BOOL-lah 🌾 Arabic habib "beloved" + Allah = "loved by God"

xɑ-dʒɪ-mu-xɑ-ˈmjɛt | M:1

Хаджимухамет ⚰ ха-джи-му-ха-МЕТ 🌾 (араб.) хаджи "паломник в Мекку"+ Мухаммед "славный", "восхваляемый"

Hajimoohamyet ⚰ xah-jee-moo-xah-MYEHT 🌾 Arabic haji "pilgrim to Mecca" + Muhammad "celebrated", "praised"

ˈxɑ-dis | M:1

Хадис ⚰ ХА-дис 🌾 (араб.) хадис "история", "рассказ" = "рассказы о жизни пророка Мухаммеда"

Hadis ⚰ XAH-dees 🌾 Arabic hadis "story", "event" = "stories about life of the Prophet Muhammad"

xa-ˈdi-tʃɑ | Ж/F:1

Хадыча ⚱ ха-ДЫ-ча ✊ (араб.) "преждевременно рожденная". Имя жены пророка Мухаммеда

Hadicha ⚱ xah-DEE-chah ✊ Arabic "born prematurely". Wife of the Prophet Muhammad

xa-jɛr-ˈni-sɑ | Ж/F:1

Хаерниса ⚱ ха-ер-НИ-са ✊ (перс.) хаер "благо" + (араб.) ниса "женщина"

Hayernisa ⚱ xah-yehr-NEE-sah ✊ Iranian khayr "benefit" + Arabic nisa "woman"

ˈxɑ-ip | M:1

Хаип ⚱ ХА-ип ✊ (араб.) искаж. гаиб "священный", "тайный"

Haip ⚱ XAH-eep ✊ Arabic distorted gaib "sacred", "hidden", "secret"

ˈxɑi-dɑr | M:2

Хайдар ⚱ ХАЙ-дар ✊ (араб.) "лев", "храбрец"

Haydar ⚱ XAHEE-dahr ✊ Arabic 'lion", "brave man"

ˈxɑi-mɑ | Ж/F:1

Хайма ⚱ ХАЙ-ма ✊ Значение неизвестно

Hayma ⚱ XAHEE-mah ✊ Meaning unknown

xɑi-ˈrul-lɑ | M:2

Хайрулла ⚱ хай-РУЛ-ла ✊ (араб.) хаер "благо"+ Аллах = "благо Аллаха"

Hayroolla ⚱ xahee-ROOL-lah ✊ Arabic khayr "benefit" + Allah = "benefit of Allah"

xɑi-ru-ˈdin | M:1

Хайрутдин ⚱ хай-рут-ДИН ✊ (араб.) хаер "благо"+ дин "религия" = "благо религии"

Hayrootdin ⚱ xahee-root-DEEN ✊ Arabic khayr "benefit" + din "religion" = "benefit of religion"

ˈxɑ-kim | M:3

Хаким ⚱ ХА-ким ✊ (араб.) "мудрый", "рассудительный"

Hakim ⚱ XAH-keem ✊ Arabic "wise", "educated", "judicious"

xak-ˈmul-lɑ | M:1

Хакмулла ⚱ хак-МУЛ-ла ✊ (араб.) хак "справедливость"+ мулла "священник"

Hakmoolla ⚱ xahk-MOOL-lah ✊ Arabic hak "justice", "fairness" + mullah "priest"

19

ʿxɑ-lim | M:2

　Халим 🔊 ХА-лим 🔈 (араб.) "мягкий"

　Halim 🔊 XAH-leem 🔈 Arabic "gentle", "mild"

xɑ-ʿli-mɑ | Ж/F:1

　Халима 🔊 ха-ЛИ-ма 🔈 (араб.) женская форма имени Халим

　Halima 🔊 xah-LEE-mah 🔈 Arabic feminine form of Halim

xɑ-ʿli-sɑ | Ж/F:1

　Халиса 🔊 ха-ЛИ-са 🔈 (араб.) "цельная", "чистая"

　Halisa 🔊 xah-LEE-sah 🔈 Arabic "whole", "pure"

xɑ-lɪ-ʿu-lɑ | M:2

　Халиулла 🔊 ха-ли-УЛ-ла 🔈 (араб.) "близкий друг Аллаха"

　Halioolla 🔊 xah-lee-OOL-lah 🔈 Arabic "close friend of Allah"

ʿxɑm-zjɑn | M:1

　Хамзян 🔊 ХАМ-зян 🔈 (араб.) "умный", "искусный"

　Hamzyan 🔊 XAHM-zyahn 🔈 Arabic "smart", "skillful"

ʿxɑ-mip | M:1

　Хамиб 🔊 ХА-миб 🔈 (араб.) возможно вариант имени Хамид
　　"избранный", "любимый"

　Hamib 🔊 XAH-meep 🔈 Arabic possibly distorted variant of Hamid
　　"selected", "favorite"

xɑ-ʿmi-dɑ | Ж/F:1

　Хамида 🔊 ха-МИ-да 🔈 (араб.) "избранная", "любимая"

　Hamida 🔊 xah-MEE-dah 🔈 Arabic "selected", "favorite"

xɑ-mi-djɛl-ʿxan | M:1

　Хамидельхан 🔊 ха-ми-дель-ХАН 🔈 (араб.) хамид "избранный",
　　"любимый"+ (тюрк.) ельхан "король"

　Hamidyel'han 🔊 xah-mee-dyehl-XAHN 🔈 Arabic hamid "selected",
　　"favorite" + Turkic elkhan "king"

xɑ-mi-ʿdul-lɑ | M:3

　Хамидулла 🔊 ха-ми-ДУЛ-ла 🔈 (араб.) хамид "избранный",
　　"любимый" + Аллах

　Hamidoolla 🔊 xah-mee-DOOL-lah 🔈 Arabic hamid "selected", "favorite"
　　+ Allah

ʿxɑ-mil | M:1

　Хамиль 🔊 ХА-миль 🔈 (араб.) "удерживающий", "несущий"

　Hamil' 🔊 XAH-meel 🔈 Arabic "holding", "taking", "carrying"

xam-mat-ʿnur | M:1

    Хамматнур ♨ хам-мат-НУР ☙ (араб.) хамад "достойный славы"+ нур "свет"

    Hammatnoor ♨ xahm-maht-NOOR ☙ Arabic hamad "worthy of praise" + nur "light"

ʿxa-san | M:2

    Хасан ♨ ХА-сан ☙ (араб.) "красивый"

    Hasan ♨ XAH-sahn ☙ Arabic "handsome"

xa-ʿti-ma | Ж/F:1

    Хатима ♨ ха-ТИ-ма ☙ (араб.) 1. женская форма имени Хатим "принимающий решения"; 2."последняя"

    Hatima ♨ xah-TEE-mah ☙ Arabic 1. feminine form of Hatim "decision maker", "one who decrees"; 2. "final", "the last one (girl)"

xa-ʿti-ra | Ж/F:1

    Хатира ♨ ха-ТИ-ра ☙ (араб.) "воспомниание", "память"

    Hatira ♨ xah-TEE-rah ☙ Arabic "reminiscence", "memory", "souvenir"

xat-ʿmul-la | M:1

    Хатмулла ♨ хат-МУЛ-ла ☙ (араб.) хатм "щедрость" + улла (Аллах) = "щедрость Аллаха"

    Hatmoolla ♨ xaht-MOOL-lah ☙ Arabic khatm "generosity"+ ulla (Allah) = "generosity of Allah"

ʿxa-o-lja | Ж/F:1

    Хауля ♨ ХА-у-ля ☙ (араб.) "перемена"

    Haoolya ♨ XAH-oo-lyah ☙ Arabic "change", "variation"

xa-fi-zjɛt-ʿdin | M:1

    Хафизетдин ♨ ха-фи-зет-ДИН ☙ (араб.) хафиз 1. "страж"; 2 "наизусть знающий Коран" + ад-дин "религия"

    Hafizyetdin ♨ xah-fee-zyeht-DEEN ☙ Arabic hafiz 1. "guardian"; 2. "a person who knows the Koran by heart" + ad-din "religion"

xim-ʿmat-si-lu | Ж/F:1

    Химматсылу ♨ хим-МАТ-сы-лу ☙ (араб.-тюрк.) "аакуратный", "усердный", "решительный"

    Himmatsiloo ♨ xeem-MAHT-see-loo ☙ Arabic-Turkic "accurate", "painstaking", "decisive"

xi-sa-ʻbu-la | M:1

    Хисабула 🔊 хи-са-БУЛ-ла 🔈
    (араб.) хисаб 1. "счет"+ улла
    (Аллах) = "счет Аллаха".

    Hisaboola 🔊 xee-sah-BOOL-lah
    🔈 Arabic hisab "count" + ulla
    (Allah) = "count of Allah"

xom-ʻsja-na | Ж/F:1

    Хомсяна 🔊 хом-СЯ-на 🔈
    (араб.) "пятая"

    Homsyana 🔊 xom-SYAH-nah 🔈
    Arabic "fifth (girl)"

Tatar wedding couple

И I

i-ʻbra-gim | M:3

    Ибрагим 🔊 и-БРА-гим 🔈 (араб.-древнеевр.) Абрахам "отец народа".
    Имя пророка в исламе

    Ibragim 🔊 ee-BRAH-geem 🔈 Arabic-Hebrew Abraham "father of a
    nation". Regarded as a prophet in Islam

i-gi-ʻbu-lat | M:1

    Игибулат 🔊 и-ги-БУ-лат 🔈 (тюрк.) иги "добро" + булат "сталь" =
    "добрая сталь"

    Igiboolat 🔊 ee-gee-BOO-laht 🔈 Turkic igi "good" + bulat "steel" = "good,
    excellent steel"

i-ʻdi-ja | Ж/F:1

    Идия 🔊 и-ДИ-я 🔈 Форма советского имени Идея

    Idiya 🔊 ee-DEE-yah 🔈 Russian-Soviet name Idea "idea"

ʻil-dar | M:3

    Ильдар 🔊 ИЛЬ-дар 🔈 (тюрк.-перс.) "правитель страны"

    Il'dar 🔊 EEL-dahr 🔈 Turkic-Iranian "ruler, governor of the country"

il-ʻdas | M:1

    Ильдас 🔊 ИЛЬ-дас 🔈 Также, Ильдус. (тюрк.) иль "страна" + (перс.)
    даст "друг" = "патриот"

    Il'das 🔊 EEL-dahs 🔈 Also, Ildus Turkic il "country" + Iranian dust "friend"
    = "patriot, a man who loves his country"

il-ʿmi-ra | Ж/F:3
> Ильмира ⚱ иль-МИ-ра 🔊 (араб.) Эльмира "принцесса"
>
> Il'mira ⚱ eel-MEE-rah 🔊 Arabic Elmira "princess"

il-ʿnu-ra | Ж/F:1
> Ильнура ⚱ иль-НУ-ра 🔊 (тюрк.) иль "страна" + (араб.) нур "свет" = "свет страны"
>
> Il'noora ⚱ eel-NOO-rah 🔊 Turkic il "country" + Arabic nur "light" = "light of country"

il-ʿsy-ra | Ж/F:1
> Ильсура ⚱ иль-СУ-ра 🔊 (тюрк.) иль "страна" + (араб.) сура "стих из Корана". Новообразованое имя
>
> Il'soora ⚱ eel-SOO-rah 🔊 Turkic il "country" + Arabic sura "verse from Koran". New name

ʿil-far | M:1
> Ильфар ⚱ ИЛЬ-фар 🔊 (тюрк.) иль "страна". Новообразованное мужское имя
>
> Il'far ⚱ EEL-fahr 🔊 Turkic il "country". New masculine name

ʿil-xam | M:1
> Ильхам ⚱ ИЛЬ-хам 🔊 (араб.) "вдохновение"
>
> Il'ham ⚱ EEL-xahm 🔊 Arabic "inspiration"

ʿin-san | M:1
> Инсан ⚱ ИН-сан 🔊 (араб.) "человечный", "человек"
>
> Insan ⚱ EEN-sahn 🔊 Arabic "human", "human being"

i-ʿrjɛk | M:1
> Ирек ⚱ и-РЕК 🔊 (татар.) "воля", "свобода". Новообразованное имя
>
> Iryek ⚱ ee-RYEHK 🔊 Tatar "will", "freedom". New name

ir-ʿir-ja | Ж/F:1
> Иририя ⚱ и-РИ-ри-я 🔊 (татар.) Значение неизвестно. Новообразованное имя
>
> Iririya ⚱ ee-REE-ree-yah 🔊 Tatar. Meaning unknown. New name

ʿir-fan | M:1
> Ирфан ⚱ ИР-фан 🔊 (араб.) "признание"
>
> Irfan ⚱ EER-fahn 🔊 Arabic "recognition"

is-lam-jɛt-ʿdin | M:1
> Исламетдин ⚱ ис-ла-мет-ДИН 🔊 (араб.) "мир религии"
>
> Islamyetdin ⚱ ees-lah-myeht-DEEN 🔊 Arabic "peace of religion"

is-ma-'gil | M:1

Исмагил ⚱ ис-ма-ГИЛ ✊ (араб.) Измаил. Сын Ибрагима (Абрахама), легендарный предок арабов

Ismagil ⚱ ees-mah-GEEL ✊ Arabic Ismail. Son of Ibrahim (Abraham), legendary ancestor of Arabs

is-'mai | M:1

Исмай ⚱ ис-МАЙ ✊ (араб.) Измаил

Ismay ⚱ ees-MAHJ ✊ Arabic Isamail (Ishmael)

is-'xar | M:1

Исхар ⚱ ис-ХАР ✊ (араб.) Изхар "знак", "омен"

Ishar ⚱ ees-XAHR ✊ Arabic Izhar "manifestation", "sign"

Д J

за-'li-ja | Ж/F:1

Джалиля ⚱ джа-ЛИ-ля ✊ (араб.) женская форма имени Джалиль "великий"

Jalilya ⚱ zhah-LEE-yah ✊ Arabic feminine form of Jalil "great"

'за-mil | M:1

Джамиль ⚱ Джа-миль ✊ (араб.) "красивый"

Jamil' ⚱ ZHAH-meel ✊ Arabic "handsome"

'за-mil-ja | Ж/F:1

Джамиля ⚱ Джа-ми-ля ✊ (араб.) женская форма имени Джамиль "совершенная", "красивая"

Jamilya ⚱ ZHAH-meel-yah ✊ Arabic feminine form of Jamil "perfect", "complete", "beautiful"

'зas-min | Ж/F:1

Джасмин ⚱ ЖАС-мин ✊ (перс.-араб.) название белого ароматного цветка, произрастающего в Азии

Jasmin ⚱ ZHAS-meen ✊ Iranian-Arabic name of a fragrant white flower, native to Asia

К К

ka-ʻdim | M:1

Кадим ⚱ ка-ДИМ 🌷 (араб.) "старый", "древний"

Kadim ⚱ kah-DEEM 🌷 Arabic "old", "ancient"

ka-ʻzim | M:1

Казим ⚱ ка-ЗИМ 🌷 (араб.) "терпеливый", "не показывающий гнева"

Kazim ⚱ kah-ZEEM 🌷 Arabic "patient", "a man who does not show his anger". Nickname of the Shiite Iman Musa

kai-ʻmur-za | M:1

Каймурза ⚱ кай-МУР-за 🌷 (тюрк.) кай "сильный", "из рода Каи" + (перс.) мирза "принц" = "принца рода Каи"

Kaymoorza ⚱ kahee-MOOR-zah 🌷 Turkic kay "strong", "from the Turkic tribe of Kayi" + Iranian mirza "son of king" "prince" = "prince of Kayi tribe"

ka-li-ʻmul-la | M:1

Калимулла ⚱ ка-ли-МУЛ-ла 🌷 (араб.) "говорящий с Богом", "пророк". Одно из имен пророка Муссы

Kalimoolla ⚱ kah-lee-MOOL-lah 🌷 Arabic "speaking with God", "prophet". One of Muslim names for prophet Musa (Moses)

ʻka-mil | M:4

Камиль ⚱ КА-миль 🌷 (араб.) "совершенный", "образованный"

Kamil' ⚱ KAH-meel 🌷 Arabic "complete", "perfect", "educated"

ka-ra-ba-ʻtir | M:1

Карабатыр ⚱ ка-ра-ба-ТЫР 🌷 (тюрк.) кара "черный", "сильный" + (тюрк.) батыр "воин", "герой" = "сильный воин"

Karabatir ⚱ kah-rah-bah-TEER 🌷 Turkic kara "black", "strong", "big" + Turkic batir "knight", "very strong warrior", "hero" = "strong knight"

ʻka-rim | M:2

Карим ⚱ КА-рим 🌷 (араб.) "благородный", "щедрый"

Karim ⚱ KAH-reem 🌷 Arabic "noble", "liberal"

ka-ri-ʻmul-la | M:1

Каримулла ⚱ ка-ри-МУЛ-ла 🌷 (араб.) "любимый Аллахом"

Karimoolla ⚱ kah-ree-MOOL-lah 🌷 Arabic "loved by Allah"

ʻka-ri-na | Ж/F:1

Карина ⚱ ка-РИ-на 🌷 (лат.) кара "возлюбленная". Также означает «корабельный киль»

Karina ⚱ kah-REE-nah 🌷 Latin derivation from cara "beloved". Carina means "dear little one." Carina also means "keel" in Latin, referring to the part of Jason's ship.

25

ʻka-ʃi-fa | Ж/F:1

Кашифа ♙ ка-ши-ФА 🗣 (араб.) "девушка, которая совершает открытие"

Kashifa ♙ kah-shee-FAH 🗣 Arabic "the girl who opens, invents"

ʻkjɛ-mal | M:1

Кемаль ♙ КЕ-маль 🗣 (араб.) "совершенный"

Kyemal' ♙ KYEH-mahl 🗣 Arabic "perfect"

ʻkla-ra | Ж/F:1

Клара ♙ КЛА-ра 🗣 (лат.) "яркий", "сияющий", "ясный". Возможно результат популярности в Советской России Клары Цеткин, лидера немецкой коммунистической партии

Klara ♙ KLAH-rah 🗣 Latin clārus 'bright", "shining", "clear". May also show the influence of Klara Zetkin, German Communist Party leader, highly regarded in Soviet Russia

ku-ʻlax-mjɛt | M:1

Кулахмет ♙ ку-ЛАХ-мет 🗣 (тюрк.) кул "слуга" + (араб.) ахмет "прославленный" = "Слуга Прославленного"

Koolahmyet ♙ koo-LAHX-myeht 🗣 Turkic kul "servant" + Arabic ahmet "praised", "glorious" = "Servant of the Praised and Glorious" (i.e., Allah)

kul-mu-xam-mjɛt-ʻmir | M:1

Кулмухамметмир ♙ кул-му-хам-мет-МИР 🗣 (тюрк.-араб.) "слуга пророка Мухаммеда"

Koolmoohammyetmir ♙ kool-moo-xahm-myeht-MEER 🗣 Turkic-Arabic "servant of Prophet Muhammad"

ʻkur-ban | M:2

Курбан ♙ КУР-бан 🗣 (араб.) "жертвоприношение"

Koorban ♙ KOOR-bahn 🗣 Arabic "sacrifice"

Home of a wealthy Tatar family

ku-rjɛ-kljɛ-ˈbi-kɑ | Ж/F:1

Куреклебика ☙ ку-ре-кле-БИ-ка 🎤 (древнеболгарск.-татарск.) "красивая, величавая дама". Это имя встречается на болгаро-татарских надгробиях 16-го века, обнаруженных в Татарстане. Kooryeklyebika ☙ koo-ryeh-klyeh-BEE-kah 🎤 Old Bulgar-Tatar "beautiful, imposing, magnificent lady". This name was found on Bulgar-Tatar graves from the 16th century discovered in Tatarstan.

Л L

lje-ˈli-dʒa-mɑl | Ж/F:1

Лелиджамал ☙ ле-ЛИ-джа-мал 🎤 (араб.) "красота ночи"

Lyelijamal ☙ lye-LEE-jah-mahl 🎤 Arabic "the beauty of night"

lje-ˈno-rɑ | Ж/F:1

Ленора ☙ лу-НО-ра 🎤 Вариант имени Элеонора. Возможно происходит из греч. Новообразованное имя

Lyenora ☙ lyay-NO-rah 🎤 A form of Eleanor. Can be traced by some to Greek. New name

li-ˈli-ja | Ж/F:8

Лилия ☙ ли-ЛИ-Я 🎤 (рус.) Лилия "цветок лилии"

Liliya ☙ lee-LEE-yah 🎤 Russian Liliya "lily"

lju-ˈtsi-ja | Ж/F:1

Люция ☙ лю-ЦИ-я 🎤 1. (лат.) "светлый", "сияющий"; 2. Часть русского слова "революция"

Lyootsiya ☙ lyoo-TSEE-yah 🎤 1. Latin "radiant", "shining"; 2. Last part of the Russian revolutsiya "revolution"

lja-za-tjɛl-ˈdi-nɑ | Ж/F:1

Лязательдина ☙ ля-за-тель-ДИ-на 🎤 (араб.) лаззат "радость" + дин "религия" = "радость религии". Новообразованное имя

Lyazatyel'dina ☙ lyah-zah-tyehl-DEE-nah 🎤 Arabic lazzat "joy" + din "religion" = "joy of religion". New name

ljɑi-sa-ˈrɑ | Ж/F:1

Ляйсара ☙ ляй-са-РА 🎤 Новообразованное женское имя

Lyaysara ☙ lyahee-sah-RAH 🎤 Latin leo, Greek leon "lion". New feminine name

27

М М

lja-lja-ˈtʃjɛ-tʃɛk | Ж/F:1

Лялячечек 🔊 ля-ля-ЧЕ-чек 🗣 (тюрк.) "лилия", "тюльпан"

Lyalyachyechyek 🔊 lyah-lyah-CHYEH-chyehk 🗣 Turkic "lily", "tulip"

mɑv-ˌʒi-dɑ | Ж/F:1

Мавзида 🔊 мав-ЗИ-да 🗣 Значение неизвестно

Mavzida 🔊 mahv-ZHEE-dah 🗣 Meaning unknown

mɑv-ˈli-jɑ | Ж/F:1

Мавлия 🔊 мав-ЛИ-я 🗣 (араб.) "святой, "потомок пророка"

Mavliya 🔊 mahv-LEE-yah 🗣 Arabic "saint", "Descendant of the Prophet"

mɑ-ˈgi-rɑ | Ж/F:1

Магира 🔊 ма-ГИ-ра 🗣 (араб.) "искусная женщина"

Magira 🔊 mah-GEE-rah 🗣 Arabic "skillful woman"

mɑ-ˈgi-ʃɑ | Ж/F:1

Магиша 🔊 ма-ГИ-ша 🗣 (араб.) "жизнь"

Magisha 🔊 mah-GEE-shah 🗣 Arabic "life"

mɑ-grɑ-ˈfu-rɑ | Ж/F:1

Маграфура 🔊 ма-гра-ФУ-ра 🗣 Возможно вариант араб. Маруфа "знаменитая девушка"

Magrafoora 🔊 mah-grah-FOO-rah 🗣 Possibly,modified Arabic Marufa "famous, known girl"

mɑ-ˈgri-fɑ | Ж/F:1

Магрифа 🔊 ма-ГРИ-фа 🗣 Вариант араб. имени Марифа "образованная, умная женщина".

Magrifa 🔊 mah-GREE-fah 🗣 Modified Arabic Marifa "educated, intelligent woman"

mɑ-ˈdʒɛn-jɑ | Ж/F:1

Маденя 🔊 ма-ДЕ-ня 🗣 Вариант араб. Медина, название священного города в Саудовской Аравии

Madyenya 🔊 mah-DYEH-nyah 🗣 Modified Arabic Medina, the holy city in Saudi Arabia

mɑ-jɛ-ˈlu-fɑ | Ж/F:1

Маелуфа 🔊 ма-е-ЛУ-фа 🗣 Значение неизвестно

Mayeloofa 🔊 mah-yeh-LOO-fah 🗣 Meaning unknown

mai-sa-ʻra | Ж/F:2

Майсара ⚱ май-са-РА 🌼 (араб.-перс.) "облегчение", "богатство"

Maysara ⚱ mahee-sah-RAH 🌼 Arabic-Iranian "ease", "wealth"

ʻmai-ja | Ж/F:1

Майя ⚱ МАЙ-я 🌼 (лат.) Майя, римская богиня, плеяда. Возможно по ее имени назван месяц Май

Mayya ⚱ MAHEE-yah 🌼 Latin Māia, Roman goddess, one of the Pleiades. Said to have given her name to the month of May

mak-ʻsu-na | Ж/F:2

Максуна ⚱ мак-СУ-на 🌼 (араб.) "благодетельная"

Maksoona ⚱ mahk-SOO-nah 🌼 Arabic "beneficent"

ʻma-lik | M:1

Малик ⚱ МА-лик 🌼 (араб.) "король"

Malik ⚱ MAH-leek 🌼 Arabic "king"

ma-ʻli-ka | Ж/F:2

Малика ⚱ ма-ЛИ-ка 🌼 (араб.) "королева"

Malika ⚱ mah-LEE-kah 🌼 Arabic "queen"

ʻman-sur | M:4

Мансур ⚱ МАН-сур 🌼 (араб.) "поддерживаемый Господом", "победитель"

Mansoor ⚱ MAHN-soor 🌼 Arabic "aided by God", "victorious"

man-su-ʻra | Ж/F:1

Мансура ⚱ ман-су-РА 🌼 (араб.) женская форма имени Мансур (см. выше)

Mansoora ⚱ mahn-soo-RAH 🌼 Arabic feminine form of Mansoor (see above)

ʻma-rat | M:8

Марат ⚱ Ма-рат 🌼 1. (тюрк.) "священный", "святой"; 2. Фамилия французского революционера Жана-Поля Марата

Marat ⚱ MAH-raht 🌼 1.Turkic "sacred", "saint"; 2. Family name of Jean-Paul Marat, French revolutionary

mar-va-ʻra | Ж/F:1

Марвара ⚱ мар-ва-РА 🌼 (араб.) мирвари "груша"

Marvara ⚱ mahr-vah-RAH 🌼 Arabic mirvari "pear"

mar-ʻgi-ja | Ж/F:1

Маргия ⚱ мар-ГИ-я 🌼 (араб.) "милый", "принятый с любовью"

Margiya ⚱ mahr-GEE-yah 🌼 Arabic "sweet", "accepted with love"

mɑr-ˈdʒɑ-nɑ | Ж/F:1

Марджана ♙ мар-ДЖА-на ☙ (араб.) марджан "коралл"

Marjana ♙ mahr-JAH-nah ☙ Arabic marjan "coral"

ˈmɑr-ljɛn | Ж/F:1

Марлен ♙ МАР-лен ☙ Советское имя, аббревиатура от фамилий К.Маркса и В.Ленина

Marlen ♙ MAHR-lyehn ☙ Soviet name, surnames of two communist leaders Mar (Marx) and Len (Lenin)

mɑr-ˈsjɛl | M:1

Марсель ♙ мар-СЕЛЬ ☙ Марсель, город во Франции

Marsyel' ♙ mahr-SYEHL ☙ Marseille, the city in France

mɑr-xɑ-ˈbɑ | Ж/F:1

Мархаба ♙ мар-ха-БА ☙ (араб.) "здравствуй"

Marhaba ♙ mahr-xah-BAH ☙ Arabic "Hello"

ˈmɑrə-jɑm | \Ж/F:4

Марьям ♙ МАРЬ-ям ☙ (араб.-древнеевр.) Значение неизвестно. Возможно, имя матери Иисуса

Mar'yam ♙ MAHR-yahm ☙ Arabic-Hebrew. Meaning unknown. Possibly, mother of Jesus

mɑr-ˈjɑm-bi-kɑ | Ж/F:1

Марьямбика ♙ марь-ЯМ-би-ка ☙ (араб.-древнеевр.) Марьям + (тюрк.) бика "королева", "принцесса"

Mar'yambika ♙ mahr-YAHM-bee-kah ☙ Arabic-Hebrew Maryam + Turkic bika "queen", "princess"

ˈmɑs-ruk | Ж/F:1

Масрук ♙ МАС-рук ☙ (араб.) Значение неизвестно

Masrook ♙ MAHS-rook ☙ Arabic. Meaning unknown

mɑ-si-ˈbu-lɑ | Ж/F:1

Масыбула ♙ ма-сы-БУ-ла ☙ (араб.) вариант имени Насибула 1. "судьба, данная Аллахом"; 2. "близкий Аллаху"

Masiboola ♙ mah-see-BOO-lah ☙ Arabic modified Nasibulla 1. "destiny given by Allah"; 2. "a person close to Allah"

mɑu-li-dʒɪ-ˈxɑn | Ж/F:1

Маулиджихан ♙ мау-ли-джи-ХАН ☙ (араб.) маули "голова", "король" + (перс.) джахан "мир" = "правитель мира"

Maoolijihan ♙ mahoo-lee-jee-XAHN ☙ Arabic mavli "head", "king" + Iranian jahan "world" = "ruler of the world"

ma-xi-an-ʿvar | Ж/F:1

Махианвар ⚱ ма-хи-ан-ВАР 🗣 (перс.) мах "луна" + (араб.) "анвар" свет", "свечение" = "лунный свет"

Mahianvar ⚱ mah-xee-ahn-VAHR 🗣 Iranian mah "moon" + Arabic anvar "light(s)", "brilliance" = "moonlight"

ma-xi-ʿra | Ж/F:1

Махира ⚱ ма-хи-РА 🗣 (араб.) "искусная"

Mahira ⚱ mah-xee-RAH 🗣 Arabic "skillful"

max-mu-ʿza | Ж/F:2

Махмуза ⚱ мах-мух-ЗА 🗣 (араб.) "достойная похвалы", "знаменитая"

Tatar farm boy near Telaga

Mahmooza ⚱ mahx-moo-ZAH 🗣 Arabic "worthy of compliments", "well-known", "celebrated woman"

ʿma-ʃat | M:1

Машат ⚱ МА-шат 🗣 Возможно, от названия священного города Машад в Иране

Mashat ⚱ MAH-shaht 🗣 Possibly, from the holy city of Mashhad in Iran

mi-na-zut-ʿdin | M:1

Миназутдин ⚱ ми-на-зут-ДИН 🗣 (араб.) "светлый путь веры"

Minazootdin ⚱ mee-nah-zoot-DEEN 🗣 Arabic "lighted path of religion"

mi-na-tʃjɛt-ʿdin | M:1

Миначетдин ⚱ ми-на-чет-ДИН 🗣 (араб.) Миназутдин (см. выше)

Minachyetdin ⚱ mee-nah-chyeht-DEEN 🗣 Arabic Minazootdin (see above)

min-dʒa-ʿmal | Ж/F:1

Минджамал ⚱ мин-джа-МАЛ 🗣 (тюрк.-араб.) "исключительно красивая"

Minjamal ⚱ min-jah-MAHL 🗣 Turkic-Arabic "exceptionally beautiful"

mi-njɛ-bi-ʿka | Ж/F:2

Минебика ⚱ ми-не-би-КА 🗣 (перс.-тюрк.) "хрустальная дама"

Minyebika ⚱ mi-nyeh-bee-KAH 🗣 Iranian-Turkic "crystal lady"

mi-njɛ-za-ʽki | M:1

Минезаки ⚰ ми-не-за-КИ ❀ (тюрк.-татар.) минле 1. "с родимым пятном"; 2. фигур. "счастливый" + (араб.) заки "умный"

Minyezaki ⚰ mee-nyeh-zah-KEE ❀ Turkic-Tatar minle 1. "one with a mole"; 2. figuratively "a happy one" + Arabic zaki "clever"

mi-njɛ-ʽrax-man | M:1

Минерахман ⚰ ми-не-РАХ-ман ❀ (тюрк.-татар.) минле 1. "с родимым пятном"; 2. фигур. "счастливый" + (араб.) рахмани "милосердный"

Minyerahman ⚰ mee-nyeh-RAHX-mahn ❀ Turkic-Tatar minle 1. 'one with a mole"; 2. figuratively "happy one" + Arabic rahmani "merciful"

min-zi-ʽfa | Ж/F:

Минзифа ⚰ мин-зи-ФА ❀ (тюрк.-татар.) минле 1. "с родимым пятном"; 2. фигур."счастливый" + (араб.) зифа "стройная девушка"

Minzifa ⚰ meen-zee-FAH ❀ Turkic-Tatar minle 1. "one with a mole"; 2. figuratively "a happy one" + Arabic zifa "shapely girl"

mi-ni-bo-ʽjan | Ж/F:1

Минибоян ⚰ ми-ни-бо-ЯН ❀ (тюрк.-татар.) минле 1. "с родимым пятном"; 2. фигур. "счастливый" + (араб.) баян "богатый"

Miniboyan ⚰ mee-nee-bo-YAHN ❀ Turkic-Tatar minle "one with a mole"; 2. figuratively "a happy one" + bayan "rich"

mi-ni-ga-ʽli | M:1

Минигали ⚰ ми-ни-га-ЛИ ❀ (тюрк.-татар.) минле 1. "с родимым пятном"; 2. фигур."счастливый" + (араб.) гали искаж. али "высокий", "возвышенный"

Minigali ⚰ mee-nee-gah-LEE ❀ Turkic-Tatar minle 1. "one with a mole"; 2. figuratively "a happy one" + Arabic gali modified form of ali "high", "supreme", "elevated"

mi-ni-ʽsa œ | Ж/F:3

Миниса ⚰ ми-ни-СА ❀ (тюрк.-татар.) минле 1. "с родимым пятном"; 2. фигур. "счастливый" + (араб.) ниса "женщина"

Minisa ⚰ 3 mee-nee-SAH ❀ Turkic-Tatar minle 1. "one with a mole"; 2. figuratively "a happy one" + Arabic nisa "woman"

min-ljɛk-ˈsɑ-nɑ | Ж/F:1

Минлексана ♨ мин-лек-СА-на 🐾 Значение неизвестно

Minlyeksana ♨ meen-lyehk-SAH 🐾 Meaning unknown

min-si-ˈlu | Ж/F:2

Минсылу ♨ ми-сы-ЛУ 🐾 Также Минлесылу (тюрк.-татар.) минле 1. "с родимым пятном"; 2. фигур. "счастливый" + (араб.) сылу "красивая девушка"

Minsiloo ♨ meen-see-LOO 🐾 Also Minlesilu Turkic-Tatar minle 1. "one with a mole"; 2. figuratively "a happy one" + (араб.) silu "beautiful girl"

min-ˈtal-gɑt | M:1

Минталгат ♨ мин-ТАЛ-гат 🐾 (тюрк.-татар.) минле 1. "с родимым пятном"; 2. фигур. "счастливый" + (араб.) талгат "внешность", "красота"

Mintalgat ♨ meen-TAHL-gaht 🐾 Turkic-Tatar minle 1. "one with a mole"; 2. figuratively "a happy one" + Arabic talgat "appearance", "beauty"

mi-ˈnu-lɑ | M:1

Минула ♨ ми-НУ-ла 🐾 Также Минулла (тюрк.-татар.) минле 1. "с родимым пятном"; 2. фигур. "счастливый" + (араб.) Аллах = "счастливый слуга Аллаха"

Minoola ♨ mee-NOO-lah 🐾 Also Minulla Turkic-Tatar minle 1. "one with a mole"; 2. figuratively "a happy one" + Arabic Allah = "happy servant of Allah"

mir-ˈzjɑn | M:1

Мирзян ♨ мир-ЗЯН 🐾 (араб.) мирза "принц" + (перс.) йан "жизнь", "душа"

Mirzyan ♨ meer-ZYAHN 🐾 Arabic mirza "prince" + Iranian jan "life", "soul"

mif-tɑ-xu-ˈdin | M:1

Мифтахутдин ♨ миф-та-хут-ДИН 🐾 (араб.) "ключ религии"

Miftahootdin ♨ meef-tah-xoot-DEEN 🐾 Arabic "key of religion"

mu-gɑ-zi-ˈmɑ | Ж/F:1

Мугазима ♨ му-га-зи-МА 🐾 (араб.) "предсказательница судьбы"

Moogazima ♨ moo-gah-zee-MAH 🐾 Arabic "fortuneteller"

mul-lə-ˈjɑn | M:1

Муллоян ⚭ му-ло-ЯН 👤 (араб.) мулла "священник" + (перс.) йан "жизнь", "душа"

Moolloyan ⚭ mool-lo-YAHN 👤 Arabic mullah "muslim priest" + yan "learned man of the sacred law"

mun-ˈzi-jɑ | Ж/F:2

Мунзия ⚭ мун-ЗИ-я 👤 (араб.) "освещающая"

Moonziya ⚭ moon-ZEE-yah 👤 Arabic "enlightening", "throwing light", "illuminating"

mu-ˈni-rɑ | Ж/F:

Мунира ⚭ му-НИ-ра 👤 (араб.) "свет", "сияние"

Moonira ⚭ moo-NEE-rah 👤 Arabic "light", "shining"

mu-ˈrɑt | Ж/F:1

Мурад ⚭ му-РАД 👤 (араб.) "желанный"

Moorad ⚭ moo-RAHD 👤 Arabic "desired"

mu-ri-ˈdin | M:1

Муридин ⚭ му-ри-ДИН 👤 Возможно от араб. мурид ад-дин "поборник веры"

Mooridin ⚭ moo-ree-DEEN 👤 Possibly from Arabic murid ad-din "supporter of religion"

mu-ˈsje| M:1

Мусей ⚭ му-СЕЙ 👤 (араб.) Мусса, имя пророка в исламе

Moosyey ⚭ moo-SYAY 👤 Arabic Musa (Moses)

mu-xɑ-mjɛt-gɑ-ˈzi | M:1

Мухаметгази ⚭ му-ха-мет-га-ЗИ 👤 (араб.) Мухаммед + гази "победитель"

Moohamyetgazi ⚭ moo-xah-myeht-gah-ZEE 👤 Arabic Muhammad (Prophet Muhammad) + gazi "winner"

mu-xɑ-mjɛt-ˈdin | M:1

Мухаметдин ⚭ му-ха-мет-ДИН 👤 (араб.) Мухаммед + дин "религия"

Moohamyetdin ⚭ moo-xah-myeht-DEEN 👤 Arabic Muhammad (Prophet Muhammad) + din "religion"

mu-xɑ-ˈrɑm | M:1

Мухарам ⚭ му-ха-РАМ 👤 (араб.) "запретный". Название месяца в арабском лунном календаре

Mooharam ⚭ moo-xah-RAHM 👤 Arabic "forbidden". Name of the month in Arabic lunar calendar

mu-xa-ʽra-na | Ж/F:1

    Мухарана ⚱ му-ха-РА-на 🎐 (араб.) "запретная девушка", та, что родилась в запретный месяц Мухарам

    Mooharana ⚱ moo-xah-RAH-nah 🎐 Arabic "forbidden girl", the girl who was born in the Muharram month

mu-xar-ʽjan | M:1

    Мухарьян ⚱ му-харь-ЯН 🎐 (араб.) "запретный", рожденный, в месяце Мухараме

    Moohar'yan ⚱ moo-xahr-YAHN 🎐 Arabic "forbidden" the month of Muharram, the one who was born in Muharram month

mu-xmat-ʽdin | M:1

    Мухматдин ⚱ мух-мат-ДИН 🎐 Мухаметдин (см. выше)

    Moohmatdin ⚱ moox-maht-DEEN 🎐 Muhammetdin (see above)

mux-ʽsin | M:1

    Мухсин ⚱ мух-СИН 🎐 (араб.) "благодетель", (тюрк.) "добрый, сердечный"

    Moohsin ⚱ moox-SEEN 🎐 Arabic "benefactor", Turkic 'kind", "warm-hearted"

mu-ja-ʽsar | M:1

    Муясар ⚱ му-я-САР 🎐 (араб.) "удачливый", "успешный"

    Mooyasar ⚱ moo-yah-SAHR 🎐 Arabic "successful", "easy", "lucky"

H N

ʽna-bi-ra | Ж/F:1

    Набира ⚱ НА-би-ра 🎐 (перс.) "внучка"

    Nabira ⚱ NAH-bee-rah 🎐 Iranian "granddaughter"

na-bi-ʽul-la | M:1

    Набиулла ⚱ на-би-У-ла 🎐 (араб.) "пророк Аллаха"

    Nabioolla ⚱ nah-bee-OOL-lah 🎐 Arabic "Prophet of Allah"

ʽna-djer-ʃa | Ж/F:1

    Надерша ⚱ НА-дер-ша 🎐 (перс.) "шах", "король"

    Nadyersha ⚱ NAH-djehr-shah 🎐 Iranian Nadirshah "shah", "king"

na-ˈdi-na | Ж/F:1

Надина ☙ на-ДИ-на 🎙 (араб.) надима 1. "хороший друг"; 2. "красноречивая девушка"

Nadina ☙ nah-DEE-nah 🎙 Arabic nadima 1. "good friend"(girl); 2. "beautifully speaking girl"

na-ˈdi-nɛ | Ж/F:1

Надинэ ☙ на-ДИ-нэ 🎙 От русского имени Надя (Надежда)

Nadine ☙ nah-DEE-neh 🎙 Russian name Nadiya (full name Nadejda) "hope"

na-ˈdi-nɛ | Ж/F:3

Надия ☙ на-ДИ-я 🎙 От русского имени Надя (Надежда)

Nadiya ☙ nah-DEE-yah 🎙 Russian name Nadiya (full name Nadejda) "hope"

na-ʒip | M:1

Нажип ☙ НА-жип 🎙 (араб.) нажиб "благородный"

Nazhip ☙ NAH-zheep 🎙 Arabic najib "noble", "aristocratic"

na-xi-ˈba | Ж/F:1

Назиба ☙ на-жи-БА 🎙 (араб.) "благородная", "дорогая", "умная", "талантливая"

Naziba ☙ nah-zee-BAH 🎙 Arabic "noble", "valuable", "dear", "clever", "talented"

na-zi-ˈra | Ж/F:1

Назира ☙ на-зи-РА 🎙 (араб.) "усердная", "красивая", "помощница", "наблюдательная", "цветущая"

Nazira ☙ nah-zee-RAH 🎙 Arabic "painstaking", "very beautiful", "minister", "watchful", "looking", contemplating", "flourishing"

na-zi-ˈfa | Ж/F:2

Назифа ☙ на-зи-ФА 🎙 (араб.) "чистая", "непорочная"

Nazifa ☙ nah-zee-FAH 🎙 Arabic "pure", "chaste", "unblemished"

na-il | M:5

Наиль ☙ НА-иль 🎙 (араб.) "дар", "наследство"

Nail' ☙ NAH-eel 🎙 Arabic "present", "gift", "heritage"

ˈnail-ja | Ж/F:10

Наиля ☙ НА-и-ля 🎙 (араб.) женская форма имени Наиль (см. выше)

Nailya ☙ NAH-eel-yah 🎙 Arabic feminine form of Nail (see above)

ˈnɑi-dɑ | Ж/F:1

    Найда 🝪 НАЙ-да 🕊 (араб.) найда "трепещущая"

    Nayda 🝪 NAHEE-dah 🕊 Arabic naida "trembling"

nɑr-tʃjɛ-ˈajɛk | Ж/F:1

    Нарчечек 🝪 нар-че-ЧЕК 🕊 (тюрк.) "цветок граната"

    Narchyechyek 🝪 nahr-chyeh-CHYEHK 🕊 Turkic "pomegranate flower"

ˈnɑ-sim | M:1

    Насим 🝪 НА-sim 🕊 (араб.) "свежий ветер"

    Nasim 🝪 NAH-seem 🕊 Arabic 'breeze", "fresh air"

nɑ-ˈsi-mɑ | Ж/F:3

    Насима 🝪 на-СИ-ма 🕊 (араб.) женская форма имени Насим

    Nasima 🝪 nah-SEE-mah 🕊 Arabic feminine form of Nasim 'breeze",
       "fresh air"

nɑ-ˈsi-xɑ | Ж/F:1

    Насиха 🝪 на-СИ-ха 🕊 (араб.) "девушка, дающая хороший совет"

    Nasiha 🝪 nah-SEE-xah 🕊 Arabic "good girl, giving good and sincere
       advice"

ˈnɑ-fik | M:1

    Нафик 🝪 НА-фик 🕊 (араб.) "доход", "благотворительность"

    Nafik 🝪 NAH-feek 🕊 Arabic "benefit", "income", "charity"

ˈnjei-ljɑ | Ж/F:

    Нейля 🝪 НЕЙ-ля 🕊 Нелли (см. выше)

    Nyeylya 🝪 NYAYEEl-yah 🕊 Nyelli (see next)

ˈnɛl-li | Ж/F:2

    Нелли 🝪 НЕЛ-ли 🕊 Уменьшительное от (греч.) Елена "светлая",
       "сияющая"

    Nyelli 🝪 NEHL-lee   🕊 Affectionate form of Greek Elena (h)ēlēnē
       "the bright, shining one"

ni-za-ˈmut-din | M:1

    Низамутдин 🝪 ни-за-МУТ-дин 🕊 (араб.) "приказ веры"

    Nizamootdin 🝪 nee-zah-MOOT-deen 🕊 Arabic "order of religion"

nur-gɑ-ˈzi-mɑ | Ж/F:1

    Нургазима 🝪 нур-га-ЗИ-ма 🕊 (араб.) нур "свет"+ азима "великая
       дама"

    Noorgazima 🝪 noor-gah-ZEE-mah 🕊 Arabic nur "light" + azima "great
       lady"

nur-ˈgɑ-li | M:1

Нургали 🪦 нур-ГА-ли 👤 (араб.) нур "свет"+ али "высший", "первый" = "свет Аллаха"

Noorgali 🪦 noor-GAH-lee 👤 Arabic nur "light" + ali "high", "supreme", "elevated" = "light of Allah"

nur-ˈzi-jɑ | Ж/F:1

Нурзия 🪦 нур-ЗИ-я   👤 (араб.) нур "свет"+ зийа "свечение", "блеск"

Noorziya 🪦 noor-ZEE-yah 👤 Arabic nur "light" + ziya "light", "luminescence"

nu-ri-ˈɑx-mjɛt | M:1

Нуриахмет 🪦 ну-ри-АХ мет 👤 (араб.) нур "свет"+ ахмед "славный", "знаменитый"

Nooriahmyet 🪦 noo-ree-AHX-myeht 👤 Arabic nur 'light' + ahmad "most celebrated", "praised"

ˈnu-ri-fɑ | Ж/F:1

Нурифа 🪦 НУ-ри-фа 👤 Значение неизвестно

Noorifa 🪦 NOO-ree-fah 👤 Meaning unknown

nu-ˈri-jɑ | Ж/F:6

Нурия 🪦 ну-РИ-я 👤 (араб.) "светлая", "сияющая"

Nooriya 🪦 noo-REE-yah 👤 Arabic "light", "shiny"

nur-sɑ-ˈli-mɑ | Ж/F:1

Нурсалима 🪦 нур-са-ЛИ-ма 👤 (араб.) нур "свет"+ салима "здоровый"

Noorsalima 🪦 noor-sah-LEE-mah 👤 Arabic nur "light" + salima "healthy"

nur-ˈsi-nɑ | Ж/F:2

Нурсина 🪦 нур-СИ-на 👤 Значение неизвестно

Noorsina 🪦 noor-SEE-nah 👤 Meaning unknown

nu-ˈrul-lɑ | M:4

Нурулла 🪦 ну-РУЛ-ла 👤 (араб.) "луч света", "сияющий Аллах"

Nooroolla 🪦 noo-ROOL-lah 👤 Arabic "ray of light", "Shining Allah"

nur-ˈxɑ-mɑt | M:1

Нурхамат 🪦 нур-ХА-мат 👤 Значение неизвестно

Noorhamat 🪦 noor-XAH-maht 👤 Meaning unknown

nur-xɑ-ˈni-jɑ | Ж/F:1

Нурхания 🪦 нур-ха-НИ-я 👤 Значение неизвестно

Noorhaniya 🪦 noor-xah-NEE-yah 👤 Meaning unknown

O Y

nu-ril-ˈgɑ-jɑn | M:1

Нурыльгаян 🔊 ну-рыл-ГА-ян 🗣 Значение неизвестно

Nooril'gayan 🔊 noo-reel-GAH-yahn 🗣 Meaning unknown

u-zjɑn-bi-ˈkɑ | Ж/F:1

Узянбика 🔊 у-зян-би-КА 🗣 (тюрк.) узян "долина" + бика "принцесса" = "принцесса, рожденная в долине"

Oozyanbika 🔊 oo-zyahn-bee-KAH 🗣 Turkic uzjan "valley" + bika "lady", "princess" = "lady (princess) who was born in valley"

um-mjɛr-ˈrɑi | Ж/F:1

Уммеруй 🔊 ум-ме-РУЙ 🗣 (араб.) умм "мать" + (перс.) меруй "мать красивой девушки"

Oommyerooy 🔊 oom-myeh-ROOEE 🗣 Arabic umm "mother" + Iranian meruj "mother of beautiful girl"

um-mjɛ-xɑ-bi-ˈbɑ | Ж/F:1

Уммехабиба 🔊 ум-ме-ха-би-БА 🗣 (араб.) умм "мать" + хабиба "любимая"

Oommyehabiba 🔊 oom-myeh-xah-bee-BAH 🗣 Arabic umm "mother" + habiba "favorite", "loved"

u-ˈrɑl | M:1

Урал 🔊 у-РАЛ 🗣 Горная цепь в России рядом с Татарстаном

Ooral 🔊 oo-RAHL 🗣 The Ridge of Russian Mountains close to Tatarstan

u-tɑ-gɑ-ˈli | M:1

Утагали 🔊 у-та-га-ЛИ 🗣 (тюрк.) ута "делай!" + (араб.) гали (али) "высший", "первый"

Ootagali 🔊 oo-tah-gah-LEE 🗣 Turkic uta "do!", "perform!" + Arabic gali (ali) "high",   "supreme", "elevated"

Country mosque in winter

P R

ra-ˈbi-ja | Ж/F:1

    Рабия ⚭ РА-би-я 👤 (араб.) «воспитывающая»

    Rabiya ⚭ RAH-bee-yah 👤 Arabic «one who educates»

ˈra-vil | M:5

    Равиль ⚭ РА-виль 👤 (древнеевр.) «друг Бога»

    Ravil ⚭ RAH-veel 👤 Hebrew «friend of God»

ra-ˈvil-ja | Ж/F:1

    Равиля ⚭ ра-ВИ-ля 👤 (древнеевр.) Женский вариант имени Равиль

    Ravilya ⚭ rah-VEEL-yah 👤 Hebrew feminine variant of Ravil

raf-ˈxat | M:1

    Равхат ⚭ РАВ-хат 👤 Значение неизвестно

    Ravhat ⚭ RAHF-xaht 👤 Meaning unknown

ra-da-ˈna | Ж/F:

    Радана ⚭ ра-да-НА 👤 Значение неизвестно.

    Radana ⚭ rah-dah-NAH 👤 Meaning unknown

ˈra-dik | M:1

    Радик ⚭ А-дик 👤 (древнегреч.) «солнечный луч»

    Radik ⚭ RAH-deek 👤 Ancient Greek "sunray"

ˈra-dif | M:2

    Радиф ⚭ РА-диф 👤 Значение неизвестно

    Radif ⚭ RAH-deef 👤 Meaning unknown

ra-ˈzi-ja | Ж/F:4

    Разия ⚭ ра-ЗИ-я 👤 (араб.) "гармоничная", "драгоценная"

    Raziya ⚭ rah-ZEE-yah 👤 Arabic "concordant", "precious"

ˈra-il | M:3

    Раиль ⚭ РА-иль 👤 (араб.) "основатель"

    Rail' ⚭ RAH-eel 👤 Arabic "founder"

ˈra-is | M:1

    Раис ⚭ РА-ис 👤 (араб.) "глава", "лидер"

    Rais ⚭ RAH-ees 👤 Arabic "chief", "head"

ˈrai-sja | Ж/F:1

    Раися ⚭ РА-и-ся 👤 (араб.) женская форма имени Раис

    Raisya ⚭ RAHEE-syah 👤 Arabic feminine form of Rais "chief", "head" 'ra-if | M:1

    Раиф ⚱ РА-иф 🗣 Значение неизвестно

    Raif ⚱ RAH-eef 🗣 Meaning unknown

'rai-ʃa | Ж/F:1

    Райша ⚱ РАЙ-ша   🗣 (араб.) женская форма имени Раис

    Raysha ⚱ RAHEE-shah 🗣 Arabic feminine form of Rais "chief", "head"

'ra-ki-ja | Ж/F:3

    Ракия ⚱ РА-ки-я 🗣 (араб.) "та, что боготворит"

    Rakiya ⚱ RAH-kee-yah 🗣 Arabic "one who worships"

'ra-lif | M:1

    Ралиф ⚱ РА-лиф 🗣 Значение неизвестно

    Ralif ⚱ RAH-leef 🗣 Meaning unknown

ra-ma-'zan | M:2

    Рамазан ⚱ ра-ма-ЗАН 🗣 (араб.) девятый месяц священного исламского календаря

    Ramazan ⚱ rah-mah-ZAHN 🗣 Arabic ninth month of the Muslim calendar

'ra-mil | M:12

    Рамиль ⚱ РА-миль 🗣 (араб.) "предсказатель судьбы"

    Ramil' ⚱ RAH-meel 🗣 Arabic "fortuneteller"

ra-'mil-ja | Ж/F:1

    Рамиля ⚱ ра-МИ-ля 🗣 (араб.) Женский вариант имени Рамиль

    Ramilya ⚱ rah-MEE-lyah 🗣 Arabic feminine variant of Ramil

ra-'si-na | Ж/F:2

    Расина ⚱ РА-си-на 🗣 Значение неизвестно

    Rasina ⚱ RAH-see-nah 🗣 Meaning unknown

'ra-sit | M:1

    Расит ⚱ РА-сит 🗣 Значение неизвестно

    Rasit ⚱ RAH-seet 🗣 Meaning unknown

ra-'si-xa | Ж/F:1

    Расиха ⚱ ра-СИ-ха 🗣 Значение неизвестно

    Rasiha ⚱ rah-SEE-xah 🗣 Meaning unknown

'rau-za | Ж/F:2

    Рауза ⚱ РАУ-за 🗣 (араб.) "цветочный сад"

    Raooza ⚱ RAHOO-zah 🗣 Arabic "flower garden"

ʻrau-fa | Ж/F:1

Рауфа 🔊 РАУ-фа 🎵 (араб.) женская форма имени Рауф "добрый"

Raoofa 🔊 RAHOO-fah 🎵 Arabic feminine form of Rauf "kind"

ra-fa-ʻil | M:3

Рафаил 🔊 ра-фа-ИЛ 🎵 (древнеевр.) "Господь излечил" или "Господь, излечи". Имя ангела в исламе, иудаизме и христианстве

Rafail 🔊 rah-fah-EEL 🎵 Hebrew "God has healed" or "God, please heal". Angel in Islam, Judaism, and Christianity

ʻra-fi-ga | Ж/F:1

Рафига 🔊 РА-фи-га 🎵 (араб.) женская форма имени Рафик (см. ниже)

Rafiga 🔊 RAH-fee-gah 🎵 Arabic feminine form of Rafik (see next)

ʻra-fik | M:3

Рафик 🔊 РА-фик 🎵 (араб.) "друг"

Rafik 🔊 RAH-feek 🎵 Arabic "friend"

ʻra-fis | M:1

Рафис 🔊 РА-фис 🎵 Значение неизвестно

Rafis 🔊 RAH-fees 🎵 Meaning unknown

ʻra-xi-lja | Ж/F:2

Рахиля 🔊 РА-хи-ля 🎵 (араб.) "ездовая самка верблюда".

Rahilya 🔊 RAH-xee-lyah 🎵 Arabic "a female camel used for riding"

ra-ʻxi-ma | Ж/F:1

Рахима 🔊 ра-ХИ-ма 🎵 (араб.) женская форма имени Рахим "сострадательный"

Rahima 🔊 rah-XEE-mah 🎵 Arabic feminine form of Rahim "compassionate"

ra-xi-ma-bi-ʻka | Ж/F:1

Рахимабика 🔊 ра-хи-ма-би-КА 🎵 (араб.) женская форма имени Рахим "сострадательный" + (тюрк.) бика "принцесса"

Rahimabika 🔊 rah-xee-mah-bee-KAH 🎵 Arabic feminine form of Rahim "compassionate" + Turkic bika "princess"

rax-ma-ʻtul-la | M:1

Рахматулла 🔊 рах-ма-ТУЛ-ла 🎵 (араб.) "милосердие Аллаха"

Rahmatoolla 🔊 rahx-mah-TOOL-lah 🎵 Arabic "Mercy of Allah"

rax-ʻmul-la | M:1

Рахмулла 🔊 рах-МУЛ-ла 🎵 Рахматулла (см. выше)

Rahmoolla 🔊 rahx-MOOL-lah 🎵 Rahmatoolla (see above)

ˈra-ʃit | M:1

Рашид ◬ РА-шид 🔊 (араб.) 1."зрелый", "идущий в правильном направлении"; 2. "храбрец"

Rashid ◬ RAH-sheet 🔊 Arabic "rightly guided", "mature"; 2. "brave man"

ra-fi-ˈda | Ж/F:4

Рашида ◬ ра-ши-ДА 🔊 (араб.) женская форма имени Рашид

Rashida ◬ rah-shee-DAH 🔊 Arabic feminine form of Rashid

ˈrje-nat | M:9

Ренат ◬ РЕ-нат 🔊 1. (лат.) "новорожденный"; 2. (русс.) аббревиатура советского слогана «Революция, Наука, Труд»

Ryenat ◬ RYEH-naht 🔊 1. Latin renatus "newborn", "renewed"; 2. Russian abbreviation of Soviet slogan "Revolutsia, Nauka, Trud" (Revolution, Science, Work)

ˈrif-xat | M:2

Рифхат ◬ РИФ-хат 🔊 Значение неизвестно

Rifhat ◬ REEF-xaht 🔊 Meaning unknown

ˈri-ʃat | M:2

Ришат ◬ РИ-шат 🔊 Значение неизвестно

Rishat ◬ REE-shaht 🔊 Meaning unknown

ro-ˈzi-lja | Ж/F:

Розиля ◬ ро-ЗИ-ля 🔊 Значение неизвестно

Rozilya ◬ ro-ZEEL-yah 🔊 Meaning unknown

ro-ˈzi-ja | Ж/F:2

Розия ◬ ро-ЗИ-я 🔊 Значение неизвестно

Roziya ◬ ro-ZEE-yah 🔊 Meaning unknown

ˈro-man | M:3

Роман ◬ РО-ман 🔊 (лат.) "римский"

Roman ◬ RO-mahn 🔊 Latin Rômânus "Roman"

ˈro-sa | Ж/F:1

Роса ◬ РО-са 🔊 1. (лат.) Роза "цветок"; 2. (древнегерм.) "слава" + "добрый"

Rosa ◬ RO-sah 🔊 1. Latin Rosa "flower"; 2. Old German "fame" + "kind"

ro-ˈsi-na | Ж/F:1

Росина ◬ ро-СИ-на 🔊 Значение неизвестно

Rosina ◬ ro-SEE-nah 🔊 Meaning unknown

ˈru-dik| M:1

Рудик ♋ РУ-дик 👤 Уменьшительное от имени Рудольф (немец.) "слава" + "волк"

Roodik ♋ ROO-deek 👤 Diminutive from German Rudolf "fame" + "wolf"

ˈrus-lɑn | M:6

Руслан ♋ РУС-лан 👤 (древнетюрк.) вариант имени Арслан "лев"

Rooslan ♋ ROOS-lahn 👤 Ancient Turkic variant of Arslan "lion"

ˈrus-tɑm | M:2

Рустам ♋ РУС-там 👤 (перс.) "высокий", "сильный"

Roostam ♋ ROOS-tahm 👤 Iranian "tall", "big", "strong"

roos-ˈtjɛm-xɑn | M:1

Рустемхан ♋ рус-ТЕМ-хан 👤 (перс.) рустам "высокий", "сильный" + (тюрк.) хан "король"

Roostyemhan ♋ roos-TYEHM-xahn 👤 Iranian roostam "tall", "big", "strong" + Turkic khan "king"

C S

ˈsɑ-bir | M:1

Сабир ♋ СА-бир 👤 (араб.) "терпеливый"

Sabir ♋ SAH-beer 👤 Arabic "patient"

sɑ-bi-ˈrɑ | Ж/F:1

Сабира ♋ са-би-РА 👤 (араб.) женская форма имени Сабир (см. выше)

Sabira ♋ sah-bee-RAH 👤 Arabic feminine form of Sabir (see above)

ˈsɑ-bit | M:1

Сабит ♋ СА-бит 👤 (араб.) "сильный", "твердый"

Sabit ♋ SAH-beet 👤 Arabic "strong", "stable"

ˈsɑg-dɑt | M:1

Сагдат ♋ САГ-дат 👤 (араб.) садат "счастье"

Sagdat ♋ SAHG-daht 👤 Arabic sadat "happiness"

sa-ʻʒi-da | Ж/F:2

Сажида ♌ са-ЖИ-да 👤 (араб.) сажида "поклоняющаяся Богу", "служащая Аллаху"

Sazhida ♌ sah-ZHEE-dah 👤 Arabic sajida "bowing before God", "praying, serving Allah"

ʻsai-dar | M:1

Сайдар ♌ САЙ-дар 👤 (араб.-перс.) "благородный"

Saydar ♌ SAHEE-dahr 👤 Arabic-Iranian "noble", "aristocratic"

ʻsai-ma | Ж/F:1

Сайма ♌ САЙ-ма 👤 (араб.) "соблюдающий Ураза" (мусульманский пост)

Sayma ♌ SAHEE-mah 👤 Arabic "keeping Uraza" (Muslim fast)

sai-ʻful-la | M:2

Сайфулла ♌ сай-ФУЛ-ла 👤 (араб.) "меч Аллаха"

Sayfoolla ♌ sahee-FOOL-lah 👤 Arabic "sword of Allah"

sa-ʻkin-ja | Ж/F:

Сакиня ♌ са-КИ-ня 👤 (араб.) "постоянная"

Sakinya ♌ sah-KEE-nyah   Arabic "standing"

ʻsal-bai | M:1

Салбай ♌ САЛ- 👤 (тюрк.) бай "господин", "землевладелец" + сал "страна"

Salbay ♌ SAHL-bahee 👤 Turkic bay "lord", "landowner" + sal "country"

sa-ʻli-na | Ж/F:2

Салина ♌ са-ЛИ-на 👤 (араб.) салима "здоровая"

Salina ♌ sah-LEE-nah 👤 Arabic salima "healthy"

ʻsa-lix | M:1

Салих ♌ СА-лих 👤 (араб.) "совершающий добрые дела", "чистый", "щедрый"

Salih ♌ SAH-leex 👤 Arabic "doing good deeds", "pure", "unblemished", "generous"

sa-ʻli-xa | Ж/F:1

Салиха ♌ са-ЛИ-ха 👤 (араб.) женская форма имени Салих (см. выше)

Saliha ♌ sah-LEE-xah 👤 Arabic feminine form of Salih (see above)

sa-ma-ʿri-ja | Ж/F:1

Самария ◔ са-ма-РИ-я ✸ (араб.) "щедрая", "счастливая"

Samariya ◔ sah-mah-REE-yah ✸ Arabic "fruitful", "productive", "lucky", "prosperous"

sa-mjɛ-xat-ʿdin | M:1

Самехатдин ◔ са-ме-хат-ДИН ✸ (араб.) самих "слущающий" + дин "вера" = "слышащий голос веры"

Samyehatdin ◔ sah-myeh-xaht-DEEN ✸ Arabic samih "listening" + din "religion" = "hearing the voice of religion"

sa-mi-ʿgul-la | M:1

Самигулла ◔ са-ми-ГУЛ-ла ✸ (араб.) самих "слущающий" + ула "Аллах" = "слышащий голос Аллаха"

Samigoolla ◔ sah-mee-GOOL-lah ✸ Arabic samih "listening" + ulla (ullah) "Allah" = "listening to the voice of Allah"

sa-ʿni-ja | Ж/F:5

Сания ◔ са-НИ-я ✸ (араб.) 1."высокая, благородная"; 2. "вторая дочь в семье"

Saniya ◔ sah-NEE-yah ✸ Arabic 1. "high, noble"; 2. "the second daughter in a family"

sar-va-ʿri-ja | Ж/F:1

Сарвария ◔ сар-ва-РИ-я ✸ (перс.) женская форма имени Сарвар "лидер"

Sarvariya ◔ sahr-vah-REE-yah ✸ Iranian feminine form of Sarvar "leader"

ʿsa-rim | M:1

Сарим ◔ СА-рим ✸ (араб.) "резкий", "сильный"

Sarim ◔ SAH-reem ✸ Arabic "sharp", "strong"

ʿsat-tar | M:1

Саттар ◔ САТ-тар ✸ (араб.) "скрывающий или возмещающий недостатки"

Sattar ◔ SAHT-tahr ✸ Arabic "hiding or compensating for shortcomings"

sa-ʿti-ra | Ж/F:1

Сатыра ◔ са-ТЫ-ра ✸ (араб.) "милосердная", "прощающая"

Satira ◔ sah-TEE-rah ✸ Arabic "merciful", "forgiving"

ʿsɑ-fɑ | M:1

Сафа 🝌 СА-фа 🗣 (араб.) "чистота"

Safa 🝌 SAH-fah 🗣 Arabic "purity"

sɑ-ʿfu-rɑ | Ж/F:1

Сафура 🝌 са-ФУ-ра 🗣 (араб.) "желтый"

Safoora 🝌 sah-FOO-rah 🗣 Arabic "yellow"

sɑ-xɑr-ʿbi-kɑ | Ж/F:1

Сахарбика 🝌 са-хар-БИ-ка 🗣 (араб.) сахар "утро", "счастливая"+
бика "принцесса"

Saharbika 🝌 sah-xahr-BEE-kah 🗣 Arabic sahar "morning" + bika
"princess", "queen"

ʿsje-vi-ljɑ | Ж/F:1

Севиля 🝌 се-ВИ-ля 🗣 (тюрк.) севил "любимая"

Syevilya 🝌 syay-VEE-lyah 🗣 Turkic sevil "be loved", "be the favorite"

sit-ki-dʒɑ-ʿmɑl | Ж/F:1

Сидкиджамал 🝌 сит-ки-джа-МАЛ 🗣 (араб.) "справедивая,
правдивая красота"

Sidkijamal 🝌 seet-kee-jah-MAHL 🗣 Arabic "true, real, just beauty"

so-ʿfi-ja | Ж/F:2

София 🝌 со-ФИ-я 🗣 1. (греч.) софос "мудрая"; 2. (перс.) суфи
"тайны веры"

Sofiya 🝌 so-FEE-yah 🗣 1. Greek sophos "wise"; 2. Iranian sufi "religious
mystics"

su-ʿdi-ja | Ж/F:1

Судия 🝌 су-ДИ-я 🗣 (араб.) садийа "мучимая жаждой"

Soodiya 🝌 soo-DEE-yah Arabic sadiya "thirsting one", "wanting to drink"

ʿsul-gɑt | M:1

Сулгат 🝌 СУЛ-гат 🗣 (араб.) искаженная форма имени салат
"молитва"

Soolgat 🝌 SOOL-gaht 🗣 Arabic distorted form of sal'at "prayer"

ʿsul-tɑn | M:1

Султан 🝌 СУЛ-тан 🗣 (араб.) "король"

Sooltan 🝌 SOOL-than 🗣 Arabic "king"

sul-tɑn-sɑ-ʿlim | M:1

Султансалим 🝌 сул-тан-са-ЛИМ 🗣 (араб.) "здоровый король"

Sooltansalim 🝌 sool-tahn-sah-LEEM 🗣 Arabic "healthy sultan"

sul-tan-hu-sa-'il | M:1

Султанхусаил ☙ сул-тан-ху-са-ИЛ ❧ (араб.) султан "король"+ Хусейн (имя собственное) = "Король Хусейн"

Sooltanhoosail ☙ sool-tahn-hoo-sah-EEL ❧ Arabic sultan "king" + Hussain (personal name) = "King Hussain"

'sun-gam | M:1

Сунгам ☙ СУН-гам ❧ Сунгат (см. ниже)

Soongam ☙ SOON-gahm ❧ Soongat (see next)

'sun-gat |M:1

Сунгат ☙ СУН-гат ❧ (араб.) искаженная форма имени санат "ремесло"

Soongat ☙ SOON-gaht ❧ Arabic distorted form of san'at "craft"

su-'fi-ja | Ж/F:2

Суфия ☙ су-ФИ-я ❧ 1. (греч.) софос "мудрая"; 2. (перс.) суфи "тайны веры"

Soofiya ☙ soo-FEE-yah ❧ 1. Greek sophos "wise"; 2. Arabic sufi "religious mysticism"

Ш Sh

ʃa-gi-'ra | Ж/F:1

Шагира ☙ ша-ги-РА ❧ (араб.) шакира "благодарная"

Shagira ☙ shah-gee-RAH ❧ Arabic shakira "thankful"

ʃai-'dul-la | M:1

Шайдулла ☙ шай-ДУЛ-ла ❧ (араб.) шаид "свидетель" + Аллах = "свидетель Аллаха"

Shaydoolla ☙ shahee-DOOL-lah ❧ Arabic shahid "witness" + Allah = "witness of Allah"

'ʃais-lam | M:1

Шайслам ☙ ШАЙС-лам ❧ (перс.) шах "король" + (араб.) ислам = "король ислама"

Shayslam ☙ SHAHEES-lahm ❧ Iranian shah "king" + Arabic Islam = "king of Islam"

`ʃɑi-xjɛl`| M:1

Шайхель 🔹 ШАЙ-хель 🔹 (араб.) шейх "принц", "король" + (тюрк.) ель "народ", "страна" = "принц народа"

Shayhyel' 🔹 SHAHEE-xyehl 🔹 Arabic shaikh "prince", "king" + Turkic el "people", "country" = "prince of country"

`ʃɑi-jɛ-mɑn-'sur`| M:1

Шайхемансур 🔹 шай-хе-ман-СУР 🔹 (араб.) шейх "принц", "король" + мансур "победитель" = "принц –победитель"

Shayhyemansoor 🔹 hahee-xjeh-mahn-SOOR 🔹 Arabic shaikh "prince", "king" + mansur "winner" = "winner prince"

`ʃɑi-xjɛ-'nur`| M:1

Шайхенур 🔹 шай-хе-НУР 🔹 (араб.) шейх "принц", "король" + нур "свет" = "король света"

Shayhyenoor 🔹 shahee-xyeh-NOOR 🔹 Arabic shaikh "prince", "king" + nur "light" = "king of light"

`ʃɑi-xu-'lɑ`| M:1

Шайхулла 🔹 шай-хул-ЛА 🔹 (араб.) шейх "принц", "король" + Аллах = "король Аллаха" (помазанник Божий)

Shayhoolla 🔹 shahee-xool-LAH 🔹 Arabic shaikh "prince", "king" + Allah = "King of Allah" = "King appointed by Allah"

`ʃɑ-'ki-rɑ`| Ж/F:1

Шакира 🔹 ша-КИ-ра 🔹 (араб.) женская форма имени Шакир "благодарный"

Shakira 🔹 shah-KEE-rah 🔹 Arabic feminine form of Shakir "thankful"

`ʃɑ-kir-dʒɑn`| M:1

Шакирджан   ша-кир-ДЖАН 🔹 (араб.) шакир "благодарный" + (перс.) джан "жизнь", "душа"

Shakirjan 🔹 shah-keer-JAHN 🔹 Arabic shakir "thankful" + Iranian jan "life", "soul"

`'ʃɑ-mil`| M:2

Шамиль 🔹 ША-миль 🔹 (араб.) законченный, совершенный. Согласно некоторым источникам тюрко-кавказский вариант древнееврейского имени Самуил

Shamil' 🔹 SHAH-meel 🔹 Arabic "universal", "complete". According to some sources, Shamil is the Turko-Caucasian version of the Hebrew Shmuel (Samuel)

ʃam-sa-ʽfa | Ж/F:1

Шамсафа 🗣 шам-са-ФА 👤 (араб.) шамс "солнце" + сафа = "чистота"

Shamsafa 🗣 shahm-sah-FAH 👤 Arabic shams "sun" + safa "purity"

ʃam-sja-ʽxar | Ж/F:1

Шамсиахар 🗣 шам-сиа-ХАР 👤 (араб.) шамс "солнце" + (перс.) бахар = "весна" = "весеннее солнце"

Shamsiahar 🗣 shahm-syah-XAHR 👤 Arabic shams "sun" + Iranian bahar "spring" = "spring sun"

ʃam-ʽsi-ja | Ж/F:1

Шамсия 🗣 шам-СИ-я 👤 (араб.) шамсийя 1. "солнечная"; 2. "зонтик"

Shamsiya 🗣 sham-SEE-yah 👤 Arabic shamsiyya 1. "sunny"; 2. "umbrella"

ʃam-si-ja-ʽmai-ja | Ж/F:1

Шамсиямайя 🗣 шам-си-я-МАЙ-я 👤 (араб.) шамси "солнечная" + майи "сущность"

Shamsiyamayya 🗣 sham-see-yah-MAHEE-yah 👤 Arabic shamsi "sunny" + maye "essence"

ʽʃa-rap | M:1

Шарап 🗣 ША-рап 👤 (араб.) "честь", "достоинство"

Sharap 🗣 SHAH-rahp 👤 Arabic "honor", "dignity"

ʃa-ʽri-fa | Ж/F:1

Шарифа 🗣 ша-РИ-фа 👤 (араб.) женская форма имени Шариф "достойный"

Sharifa 🗣 shah-REE-fah 👤 Arabic feminine form of Sharif "honorable"

ʃa-rif-tʃa-ʽmal | Ж/F:2

Шарифджамал 🗣 ша-риф-джа-МАЛ 👤 (араб.) шариф "достойный" + джамал "красота"

Sharifjamal 🗣 shah-reef-jah-MAHL 👤 Arabic sharif "honorable" + jamal "beauty"

White mosque in winter

50

ʃɑ-ʿfi-jɑ | Ж/F:2

Шафия 🪔 ша-ФИ-я 🐦 (араб.) "здоровая"

Shafiya 🪔 shah-FEE-yah 🐦 Arabic "healthy"

ʃɑ-ʿxi-nɑ | Ж/F:1

Шахина 🪔 ша-ХИ-на 🐦 (перс.) женский вариант имени Шахин "сокол"

Shahina 🪔 shah-XEE-nah 🐦 Iranian feminine form Shahin "falcon"

T T

ˈtɑ-fik | M:1

Тавфик △ ТАВ-фик 🐦‹ (араб.) "помощь"

Tavfik △ TAHV-feek 🐦‹ Arabic "help"

tɑ-ˈgir | M:2

Тагир △ ТА-гир 🐦‹ (араб.) тахир "чистый"

Tagir △ TAH-geer 🐦‹ Arabic tahir "clean", "pure"

tɑ-gi-ˈrɑ | Ж/F:1

Тагира △ та-ги-РА 🐦‹ (араб.) женская форма имени Тагир

Tagira △ tah-gee-RAH 🐦‹ Arabic feminine form of Tahir

tɑ-dʒi-mu-ˈmjɛt | M:1

Таджимухамет △ та-джи-му-ха-МЕТ 🐦‹ (перс.) тадж "венец" + (араб.) Мухаммед

Tajimoohamyet △ tah-jee-moo-xah-MYEHT 🐦‹ Iranian taj "crown" + Arabic Muhammad (Prophet Muhammad)

tɑ-zjɛl-bɑ-ˈnɑt | Ж/F:1

Тазельбанат △ та-зель-ба-НАТ 🐦‹ (перс.) тадж "венец" + (араб.) ал-банат "принадлежащий девушкам" = "венец девушек"

Tazyel'banat △ tah-zyehl-bah-NAHT 🐦‹ Iranian taj "crown" + Arabic al-banat "of girls" = "crown of girls"

tɑn-vi-ˈrɑ | Ж/F:1

Танвира △ тан-ви-РА 🐦‹ (араб.) "просвещенная"

Tanvira △ tahn-vee-RAH 🐦‹ Arabic "enlightened"

tɑn-gi-ˈmɑ | Ж/F:1

Тангима △ тан-ги-МА 🐦‹ Значение неизвестно

Tangima △ tahn-gee-MAH 🐦‹ Meaning unknown

tɑn-zi-ˈljɑ | Ж/F:4

Танзиля △ тан-зи-ЛЯ 🐦‹ (араб.) "посланная Аллахом"

Tanzilya △ tahn-zeel-YAH 🐦‹ Arabic "sent by Allah"

tɑn-kɑ-bi-ˈkɑ | Ж/F:1

Танкабика △ тан-ка-би-КА 🐦‹ (тюрк.) танка "деньги" + бика "принцесса"

Tankabika △ tahn-kah-bee-KAH 🐦‹ Turkic tanka "money", "coin" + bika "princess"

tje-mir-gɑ-ˈlje| M:3

> Темиргалей ⚬ те-мир-га-ЛЕЙ 🎤 (тюрк.) темир "железо" + (араб.) гали (али) "высший", "первый"

> Tyemirgalyey ⚬ tyay-meer-gah-LYAY 🎤 Turkic temir "iron" + Arabic gali (ali) "high", "supreme", "elevated"

tje-mir-ˈʃɑ | M:1

> Темирша ⚬ те-мир-ША 🎤 (тюрк.) темир "деньги" + (перс.) шах "король"

> Tyemirsha ⚬ tyay-meer-SHAH 🎤 Turkic temir "iron" + Iranian shah "king"

ˈti-mur | M:3

> Тимур ⚬ ТИ-мур 🎤 (тюрк.) "железо"
> Timoor ⚬ TEE-moor 🎤 Turkic "iron"

tux-tɑ-mɪʃ-gɑ-ˈrɑi | M:1

> Тухтамышгарай ⚬ тух-та-мыш-га-РАЙ 🎤 (тюрк.) тухтамыш "идущий первым " (ритуальное имя для защиты младенца от смерти) + гарай "сильный", "могучий" (титул татарских ханов)

> Toohtamishgaray ⚬ toox-tah-meesh-gah-RAHEE 🎤 Turkic tukhtamish "coming one" (the ritual name used to protect the newborn child from death) + garay "strong", "mighty"(the title of Tatar khans (kings)

B V

---

vɑi-ˈdul-lɑ | M:1

> Вайдулла ⚬ вай-ДУЛ-ла 🎤 (араб.) вайд "белый" + Аллах
> Vaydoolla ⚬ vahee-DOOL-lah 🎤 Arabic bayd "white" + Allah (God)

vɑ-ˈsil-jɑ | Ж/F:1

> Василя ⚬ ва-СИЛЬ-я 🎤 (араб.) васила "посредник", "тот благодаря которому люди сближаются"

> Vasilya ⚬ vah-SEEL-yah 🎤 Arabic wasila "mediator", "deliverer", "that by which one draws near to another"

vɑ-si-ˈful-lɑ | M:1

> Василфулла ⚬ ва-си-ФУЛ-ла 🎤 (араб.) васиф "достойный" + Аллах
> Vasifoolla ⚬ vah-see-FOOL-lah 🎤 Arabic wasif 'man of qualities + Allah "God"

vɑs-fi-ʒɑ-ˈmɑl | Ж/F:1

Васфиджамал ⚱ вас-фи-джа-МАЛ 🔊 (араб.) васф "качество" + джамал "красота"

Vasfijamal ⚱ vahs-fee-zhah-MAHL 🔊 Arabic wasf "quality" + jamal "beauty"

ˈvɑ-hit | M:2

Вахит ⚱ ВА-хит 🔊 (араб.) "первый", "единственный", Т"одинокий"

Vahit ⚱ VA-heet 🔊 Arabic "first", "only", "sole"

ˈvi-ni-rɑ | Ж/F:1 нɪɸʌt̞

Винира ⚱ ВИ-ни-ра 🔊 (рус.) Венера

Vinira ⚱ VEE-nee-rah 🔊 Russian Venera "Venus"

Ю Y

ˈjul-dɑʃ | M:1

Юлдаш ⚱ ЮЛ-даш 🔊 (тюрк.) юлдаш (йолдаш) "друг"

Yooldash ⚱ YOOL-dahsh 🔊 Turkic yuldash (yoldash) "friend"

ˈju-li-jɑ | Ж/F:4

Юлия ⚱ Ю-ли-я 🔊 (лат.) женская форма римской фамилии Юлиус. Распространено в России

Yooliya ⚱ YOO-lee-yah 🔊 Latin feminine form of Roman family name Julius. Somewhat common in Russia

jul-gi-ˈzɑ | Ж/F:1

Юльгиза ⚱ юль-ги-ЗА 🔊 (тюрк.) йуль "дорога" + гиз "девушка"

Yool'giza ⚱ yool-gee-ZAH 🔊 Turkic yul "road", "path" + giz "girl"

jɑ-ˈgu-dɑ | M:1

Ягуда ⚱ я-ГУ-да 🔊 (араб.) возможно от ягуди "еврейский"

Yagooda ⚱ yah-GOO-dah Arabic possibly from yahudi "Jewish", "Hebrew"

jɑ-ˈzil-jɑ | Ж/F:1

Язиля ⚱ я-ЗИ-ля 🔊 (араб.) 1. "богатая", "процветающая"; 2. "здоровая", "сильная"

Yazilya ⚱ yah-ZEEL-yah 🔊 Arabic 1. "rich", "prosperous"; 2. "healthy", "strong"

`ja-kup | M:1

Якуб ⚱ Я-куб 🗣 (араб.) форма библейского имени Яков

Yakoob ⚱ YAH-koop 🗣 Arabic form of biblical "Jacob"

ja-ku-tjɛl-dʒa-`mal | Ж/F:1

Якутельджамал ⚱ я-ку-тель-джа-МАЛ 🗣 (араб.) йакут "драгоценный камень" (рубин, сапфир) + джамал "красота"

Yakootyel'jamal ⚱ yah-koo-tyehl-jah-MAHL 🗣 Arabic yakut "precious stone" (ruby, sapphire) + jamal "beauty"

ja-mal-jɛt-`din | M:1

Ямалетдин ⚱ я-ма-лет-ДИН 🗣 (араб.) вариант имени Джамаладдин "красота веры"

Yamalyetdin ⚱ yah-mah-lyeht-DEEN 🗣 Arabic distorted form of Jamaladdin "beauty of religion"

ja-man-gul-`la | M:1

Ямангулла ⚱ я-ман-гул-ЛА 🗣 (тюрк.) йаман "плохой" + гул "слуга" (Бога). Ритуальное имя, отводившее злых духов

Yamangoolla ⚱ yah-mahn-gool-LAH 🗣 Turkic yaman "bad" + gul "slave" (of God). The ritual name. In ancient times the Turkic peoples could name the child "Yaman" ("Bad") to frighten and turn away the evil (malicious) spirits which could harm the child

ja-man-`sar | M:1

Ямасар ⚱ я-ма-САР 🗣 (тюрк.) "очень плохой". Ритуальное имя, отводившее злых духов от новорожденного

Yamasar ⚱ yah-mah-SAHR 🗣 Turkic "Very Bad". The ritual name. In ancient times the Turkic peoples could name the child "Yamansar" ("Very Bad") to frighten and turn away the evil (malicious) spirits which could harm the child

ja-nu-`za-ku | M:1

Янузаку ⚱ я-ну-ЗА-ку 🗣 (перс.) йан "жизнь", "душа" + (араб.) заки "умный". Вариант имени Янзаки

Yanoozakoo ⚱ yah-noo-ZAH-koo 🗣 Iranian jan "life", "soul" + Arabic zaki "clever". Distorted form of Janzaki

`ja-ran | M:1

Яран ⚱ Я-ран 🗣 (перс.) йар "друг", "возлюбленный" + (тюрк.) хан "король". Возможно вариант имени Ярхан

Yaran ⚱ YAH-rahn 🗣 Iranian yar "friend", "beloved" + Turkic khan "king". Possibly form of Yarkhan

ja-ʿrul-la | M:1

Ярулла △ я-РУЛ-ла ❧ (перс.) йар "друг", "возлюбленный" + (араб.) Аллах = "друг Аллаха", "возлюбленный Аллахом"

Yaroolla △ yah-ROOL-lah ❧ Iranian yar "friend", "beloved" + Arabic Allah = "Friend of Allah", "Loved by Allah"

3 Z

zaf-ʿki-ja | Ж/F:1

Завкия △ зав-КИ-я ❧ (араб.) завк "вкус"

Zavkiya △ zahf-KEE-yah ❧ Arabic zavk "taste"

za-gi-ʿdul-la | M:1

Загидулла △ за-ги-ДУЛ-ла ❧ (татар.) форма арабского имени Захидулла "святой", "благочестивый слуга Аллаха"

Zagidoolla △ zah-gee-DOOL-lah ❧ Tartar form of Arabic Zahidulla "saint", "pious servant of Allah"

za-ʿgip | M:2

Загип △ за-ГИП ❧ (араб.) "собственник", "принц"

Zagip △ zah-GEEP ❧ Arabic "owner", "prince"

zai-ʿdul-la | M:3

Зайдулла △ зай-ДУЛ-ла ❧ (араб.) "дар Аллаха"

Zaydoolla △ zahee-DOOL-lah ❧ Arabic "gift of Allah" (see Zaytoolla, 3rd entry below)

ʿzai-kju-na | Ж/F:1

Зайкюна △ ЗАЙ-кю-на ❧ (араб.) зайтун "олива" (вариант имени Зайтуна)

Zaykyoona △ ZAHEE-kyoo-nah ❧ Arabic feminine form of zaytun "olive" (see Zaytoona, 3rd entry below)

zai-nut-ʿdin | M:1

Зайнутдин △ зай-нут-ДИН ❧ (татар.) форма арабского имени Зайнуддин "дар веры"

Zaynootdin △ zahee-noot-DEEN ❧ Tatar form of Arabic Zaynuddin "gift of religion"

zɑi-ˈtul-lɑ | Ж/F:1

Зайтулла ♋ зай-ТУЛ-ла 🔥 См. Зайдулла

Zaytoolla ♋ zahee-TOOL-lah 🔥 Arabic "gift of Allah"

zɑi-tu-ˈnɑ | Ж/F:7

Зайтуна ♋ зай-ту-НА 🔥 (араб.) зайтун "олива" (женская форма имени Зайтун)

Zaytoona ♋ zahee-too-NAH 🔥 Arabic feminine form of zaytun "olive"

zɑ-kɑ-ˈri-jɑ | M:2

Закария ♋ за-ка-РИ-я 🔥 (араб.) форма имени Захария "память о Боге". Имя встречается в иудаистской Библии. В Новом Завете имя отца Иоанна Крестителя

Zakariya ♋ zah-kah-REE-yah 🔥 Arabic form of Zacharias < Hebrew "remembrance of God". Name occurs several times in the Hebrew Bible. In the New Testament, father of John the Baptist

ˈzɑ-kir | M:1

Закир ♋ ЗА-кир 🔥 (араб.) "тот, кто поминает имя Аллаха (Господа)"

Zakir ♋ ZAH-keer 🔥 Arabic Zakir "the one who remembers, mentions the name of God (Allah)"

zɑ-ki-ˈrɑ | Ж/F:2

Закира ♋ за-ки-РА 🔥 (араб.) Закира женская форма имени Закир см. выше

Zakira ♋ zah-kee-RAH 🔥 Arabic Zakira feminine form of Zakir, see above

zɑ-mɑn-ˈbjɛk | M:1

Заманбек ♋ за-ман-БЕК 🔥 (араб.) заман (араб.) "время"+ (тюрк.) бек принц, "господин"

Zamanbyek ♋ zah-mahn-BJEHK 🔥 Arabic zaman "time" + Turkic bek "prince", "lord"

zɑm-ˈzi-jɑ | Ж/F:1

Замзия ♋ зам-ЗИ-я 🔥 Возможно от арабского шамсия "солнечная"

Zamziya ♋ zahm-ZEE-yah 🔥 Possibly from Arabic shamsiyya "sunny" < masculine form shams "sun"

ˈzɑ-mir | M:1

Замир ♋ ЗА-мир 🔥 (араб.) "сущность", "содержимое", "сердце"

Zamir ♋ ZAH-meer 🔥 Arabic "essence", "contents", "heart"

zɑ-ˈmi-rɑ | Ж/F:2

Замира ⏺ за-МИ-ра 🎕 (араб.) женская форма имени Замир, см. выше

Zamira ⏺ zah-MEE-rah 🎕 Arabic feminine form of Zamir "essence", "contents", "heart"

zɑ-rjɛt-ˈdin | M:1

Заретдин ⏺ за-рет-ДИН 🎕 (перс.) зар "золото" + (араб.) дин "религия" = "золото веры"

Zaryetdin ⏺ zah-rjeht-DEEN 🎕 Iranian zar "gold" + Arabic din "religion" = "gold of religion"

zɑ-ˈrib-zjɑn | M:1

Зарибзян ⏺ за-РИБ-зян 🎕 (араб.-перс.) Зарифьян, (араб.) зариф "нежный" + (перс.) ян "жизнь"

Zaribzyan ⏺ zah-REEB-zjahn 🎕 (Persian-Arabic) Zarifjan, Arabic zarif "tender" + Iranian jan "life"

zɑ-xi-ˈrɑ | Ж/F:2

Захира ⏺ за-хи-РА 🎕 (араб.) женская форма имени захир "сияющий"

Zahira ⏺ zah-xee-RAH 🎕 Arabic feminine form of zahir "shining", "radiant"

zjɛm-ˈfi-rɑ | Ж/F:3

Земфира ⏺ зем-ФИ-ра 🎕 (молдав.-цыганск.) Имя цыганки из поэмы Пушкина «Цыгане». Согласно одному из источников имя имеет латинское происхождение и означает "непокорная"

Zyemfira ⏺ zjehm-FEE-rah 🎕 (Moldavian-Gypsy (Romany)) A beautiful Gypsy woman in Pushkin's poem "Gypsies". Meaning is questionable. One source says it has a Latin root and means "unruly"

ˈzi-ljɑ | Ж/F:1

Зиля ⏺ ЗИ-ля 🎕 (араб.) "сияющая", "яркая"

Zilya ⏺ ZEEl-yah 🎕 Arabic "light", "shining"

ˈzi-nɑr | M:1

Зинар ⏺ ЗИ-нар 🎕 (араб.) "сияющий", "яркий", "сверкающий"

Zinar ⏺ ZEE-nahr 🎕 Arabic "brilliant", "lustrous", "shining", "radiant"

zi-ˈnɑ-rɑ | Ж/F:1

Зинара ⏺ зи-НА-ра 🎕 (араб.) женская форма имени зинар "сияющий"

Zinara ⏺ zee-NAH-rah 🎕 Arabic feminine form of zinar "brilliant", "lustrous", "shining", "radiant"

zi-nɑ-ʿtul-lɑ | M:2

　　Зинатулла 🔊 зи-на-ТУЛ-ла 🔊 (араб.) "богатство Аллаха"

　　Zinatoolla 🔊 zee-nah-TOOL-lah 🔊 Arabic "wealth of Allah"

ʿzi-nur | M:2

　　Зиннур 🔊 ЗИ-нур 🔊 (араб.) "сияющий", "яркий", "сверкающий"

　　Zinnoor 🔊 ZEE-noor 🔊 Arabic "brilliant", "lustrous", "shining", "radiant"

zu-ʿlje-fɑ | Ж/F:1

　　Зулейфа 🔊 зу-ЛЕЙ-фа 🔊 (араб.) Зулейка

　　Zoolyeyfa 🔊 zoo-LYAY-fah 🔊 Arabic Zuleika

ʿzul-fir | M:2

　　Зульфир 🔊 ЗУЛЬ-фир 🔊 (араб.) мужская форма имени зульфира,
　　см. ниже

　　Zool'fir 🔊 ZOOL-feer 🔊 Arabic musculine form of zulfira (see next)

zul-ʿfi-rɑ | Ж/F:1

　　Зульфира 🔊 зуль-ФИ-ра 🔊 (араб.) "кудри"

　　Zool'fira 🔊 zool-FEE-rah 🔊 Arabic "locks", "curls"

zul-ʿfi-jɑ | Ж/F:12

　　Зульфия 🔊 зуль-ФИ-я 🔊 (араб.) "кудрявая девушка"

　　Zool'fiya 🔊 zool-FEE-yah 🔊 Arabic "girl with locks, curls"

zu-ʿri-jɑ | Ж/F:1

　　Зурия 🔊 зу-РИ-я 🔊 (араб.) "поколение", "потомок", "племя", "клан"

　　Zooriya 🔊 zoo-REE-yah 🔊 Arabic "generation", "descendants", "tribe",
　　"clan"

ʿzu-fɑr | M:4

　　Зуфар 🔊 ЗУ-фар 🔊 (араб.) "главный", "лидер"

　　Zoofar 🔊 ZOO-fahr 🔊 Arabic "chief", "head"

ʿzux-rɑ | Ж/F:1

　　Зухра 🔊 ЗУХ-ра 🔊 (араб.) "светлая", "яркая ". Женская форма
　　имени Зукр

　　Zoohra 🔊 ZOOH-rah 🔊 Arabic "light", "lustrous". Feminine form of Zukhr

Mosque at Chernaya Rechka

REFERENCES

Herbert, Robert K. (1999). Personal names as social protest: The status of African political names. *Names, 47(2),* 109-124.

Kiviniemi, Eero. (1998). History of first names of Finnish origin. *Latvian naming patterns, 1880-1991. Proceedings of the 19th International Congress of Onomastic Sciences, Aberdeen, Scotland, August 4-11, 1996.* Volume 3, pp. 212-217.

Konstantinov, Yulian & Alhaug, Gulbrand. (1995). *Names, ethnicity, and politics: Islamic names in Bulgaria 1912-1992, Tromsø Studies in Linguistics 13.* Oslo: Novus Press

Lawson, Edwin D. (2013). *West Siberian Tatar names.* Retrieved from http://www.fredonia. edu/faculty/ emeritus/edwinlawson/TatarNames/index.html

Lawson, Edwin D., & Glushkovskaya, Irina. (1994). Naming patterns of recent immigrants from the former Soviet Union to Israel. *Names, 42,* 157-180.

Lawson, Edwin D., & Butkus, Alvydas. (1998-1999). Lithuanian 'Patriotic' names, 1882-1991. *Onoma, 34,* 249-263.

Lawson, Edwin D., Alakbarli, Farid, & Sheil, Richard F. (2008). Azeri Naming Patterns, 1900-2001. *Atti del XXII Congresso Internazionale di Scienze Onomastiche, Pisa, 28 agosto - 4 settembre 2005, II,* [Proceedings of the XXIInd International Congress of Onomastic Sciences, Pisa, August 28-September 4, 2005], 117-128.

Li, Zhonghua & Lawson, Edwin D. (2002). Generation names in China: Past present, and future. *Names, 50(3),* 163- 172.

Miller, G. M. (1971). *BBC pronouncing dictionary of British names: With an appendix of Channel Islands names.* London: Oxford University Press.

Rásonyi, Lázló & Baki, Imre. (2007). *Onomasticon Turcicum.* Bloomington, IN: Denis Sinor Institute for Inner Asian Studies.

Siegal, Allan M., & Connolly, William G. (1999). *The New York Times Manual of Style and Usage.* New York: Times Books.

York Space Institutional Repository. (2011). *Proceedings of the 23rd International Congress of Onomastic Sciences August 17-22, 2008, York University, Toronto, Canada.* Retrieved from http://www.yorkspace.library .yorku.ca/ xmlui/ handle /10315/4000

BIBLIOGRAPHY

Dunkling, Leslie, & Gosling, William. (1983). The new American dictionary of first names. New York: New American Library, Penguin.

Ehrlich, Eugene, & Hand, Raymond, Jr. (1984). *NBC handbook of pronunciation* (4th ed.). New York: Harper & Row.

Miller, G. M. (1971). *BBC pronouncing dictionary of British names: With an appendix of Channel Islands names.* London: Oxford University Press.

Rásonyi, Lázló & Baki, Imre. (2007). *Onomasticon Turcicum.* Bloomington, IN: Denis Sinor Institute for Inner Asian Studies.

Siegal, Allan M., & Connolly, William G. (1999). *The New York Times Manual of Style and Usage.* New York: Times Books.

Алишина, Х. Ч. О статусе языка сибирских татар "Этническая история тюркских народов Сибири и сопредельных территорий (по данным этнографии и языкознания). Материалы Всероссийской конференции. Омск, 1992. [Alishina H.Ch. On the status of Siberian Tatar Language. "Ethnic history of Turkish nationalities of Siberia and Vicinity (based on the data given by ethnography and linguistics). Materials of All-Russian Conference. Omsk. 1992].

Bezertinov, R. N.). (2005). *T7rksko-Tatarskkie imena.* Kazan: Kazanski[gosudarstvenn2[universitet. [Turkic-Tatar language. Kazan: Kazan State University.

Большаков, Иван; Раиса Субаева, & Гумар Сабирзянов. *Справочник Татарских личных имен.* Казань. 1983. [Bolshakov, Ivan; Raisa Subaeva, & Gumar Sabirzyanov. *Dictionary of Tatar personal names.* Kazan].

Докучаев, В.В., & Л.Н. (2002). Докучаева. *Наследники рода. Екатеринбург.* 2002. [Dokuchaev, V. V., & L. N. Dokuchaeva. *The heirs to the kin*]. Ekaterinburg. 2002].

Исхакова, К.Ф. (2000). *Сопоставительная грамматика татарских и русских собственных имен.* Москва. 2000. [Iskhakova, K. F. *Comparative grammar of Tatar and Russian personal names.* Moscow].

Рогачев, М.Б. *Межнациональные браки как фактор этнических процессов в Коми: на материале молодых коми-русских сельских семей. Доклад к заседанию президиума Коми, 21 февраля 198.* Сыктывкар.1985. [Rogachev. M. B.]. *Interethnic marriages as a factor of ethnic processes in Komi: on the basis of young Komi-Russian rural families. The report given at the panel meeting of Komi branch, February 21, 1985.* Syiktivkar.

Сатаров, Г.Ф. *Татарская антропонимика.* Казань.1990. [Sattarov, G. F. *Tatar anthroponimy.* Kazan.1990].

Саттаров, Гумар Ф. (1998).О чем говорят татарские имена?
[What do Tatar names tell about?]. - Казань: "Раннур".
Сатаров, Г.Ф. *Татарско-русский словарь личных имен и
фамилий.* Казань. 2006. [Sattarov, G. F.]

Tatar-Russian dictionary of personal names and surnames.
Kazan.2006].

Титова, Т. А. *Этническое самосознание в национально-
смешанных семьях: по материалам русско-татарских
семей г.Казани.* Уфа. 1996. [Titova, A. T. *Ethnic
self-consciousness in mixed marriages: on the basis of
Russian-Tatar families of Kazan City.* Ufa.1996].

ABSTRACT

TATAR FIRST NAMES FROM WEST SIBERIA

Edwin D. Lawson and Richard F. Sheil (State University of New York, Fredonia), and Zinaida S. Zavyalova (Tomsk Polytechnic University).

There are about four and one-half million Tatars, descendants of the Turkic-Mongolian peoples of the Ural-Altaic region, in Russia, Ukraine, Turkey, China, and Finland. This investigation focused on first names used in the Tomsk area (about 950,000 population) at the entrance to Western Siberia. Tatars make up about 2% of the population or about 20,000 people, and are mostly Sunni Muslims. Some live in villages, some live in the city of Tomsk itself. The literature on Tatar first names is very limited. This project studied the names of 100 families (50 from the City of Tomsk and 50 from Villages in the Tomsk area). Almost 500 different names were recorded of the 799 participating individuals. Each entry includes the name's English spelling, Russian spelling, gender and frequency in the sample, *BBC-New York Times* style of pronunciation, International Phonetic Alphabet style of pronunciation, language(s) of origin if not Tatar, meaning, and historical note if any.

Аннотация

Имена татар Западной Сибири

Эдвин Д. Лоусон и Ричард Ф. Шейл (Государственный университет Нью-Йорка в г. Фредония), и Зинаида С. Завьялова (Национальный исследовательский Томский политехнический университет).

В мире насчитывается около четырех с половиной миллионов представителей татарской национальности, потомков тюркских и монгольских народов урало-алтайского региона, проживающих в России, Украине, Турции, Китае и Финляндии. Это исследование посвящено татарским личным именам, используемым в Западной Сибири, а именно в Томской области (около 950,000 населения). Татары составляют около 2% населения или около 20000 человек, являющихся в основном суннитами. Часть татарского населения проживает в деревнях, часть является резидентами Томска. Объем научной литературы, посвя-щенной татарским личным именам, достаточно ограничен. В рамках настоящего проекта были изучены личные имена членов 100 семей (50 из города Томска и 50 из татарских деревень в Томской области). Были опрошены 799 респондентов и задокументировано более 500 имен. Запись для каждого имени содержит: английскую и русскую трансли-терации, пол, вариант произношения BBC-Нью-Йорк Таймс, вариант произношения Международного фонетического алфавита, язык из которого происходит имя (если не собственно татарское), значение, историческая справка (если имеется) частота употребления имени в рамках собранного материала.

www.ingramcontent.com/pod-product-compliance
Lightning Source LLC
Chambersburg PA
CBHW050414290526
45786CB00003B/1259